征战，
中国稀土 Ⅱ

吴海明 著

清华大学出版社
北京

内 容 简 介

解开稀土神秘的面纱，解读国内稀土产业发展政策规划，深入了解稀土矿山采选、稀土冶炼分离、稀土永磁、稀土发光、稀土催化等全产业链技术运用领域的现状及未来；深入剖析稀土新材料在促进未来科技、人工智能、机器人伺服电机、新能源汽车、绿色低碳、智慧城市等领域的发展带来的市场价值及投资机会，全面了解国内稀土新材料产业布局、涉及稀土新材料的上市公司发展状况，寻找优质的稀土产业链投资机会。本书是《征战中国稀土》一书的"续集"，作者从产业投资人、产业研究员双重角色，多维度、多角度，运用了大量实战经验进行观察及总结，连续十多年深入参与稀土产业链上下游的研究及项目投资实践，使本书成为一部既有理论价值又有方向性借鉴价值的著作。

本书得到了国内专家、产业领袖、工程技术人员、金融投资者、证券研究员、学术协会组织的广泛认可及推荐，同时对高等院校本科生、研究生及行业科研人员、稀土新材料产业投资人等均具有行业信息及专业知识的补充作用。

版权所有，侵权必究。举报：010-62782989，beiqinquan@tup.tsinghua.edu.cn。

图书在版编目（CIP）数据

征战，中国稀土. Ⅱ / 吴海明著. —北京：清华大学出版社，2023.9
ISBN 978-7-302-64641-9

Ⅰ.①征… Ⅱ.①吴… Ⅲ.①稀土金属-有色金属冶金-冶金工业-中国 Ⅳ.①F426.32

中国国家版本馆 CIP 数据核字 (2023) 第 181683 号

责任编辑：鲁永芳
封面设计：西瓜互动传媒
责任校对：赵丽敏
责任印制：曹婉颖

出版发行：清华大学出版社
网　　址：https://www.tup.com.cn，https://www.wqxuetang.com
地　　址：北京清华大学学研大厦 A 座　　邮　编：100084
社 总 机：010-83470000　　邮　购：010-62786544
投稿与读者服务：010-62776969，c-service@tup.tsinghua.edu.cn
质量反馈：010-62772015，zhiliang@tup.tsinghua.edu.cn
印 装 者：三河市东方印刷有限公司
经　销：全国新华书店
开　本：170mm×240mm　　印　张：12.75　　字　数：180 千字
版　次：2023 年 10 月第 1 版　　印　次：2023 年 10 月第 1 次印刷
定　价：79.00 元

产品编号：100194-01

推荐序一

奔跑者
—— 为《征战，中国稀土Ⅱ》序言

  党的十八大以来，党中央高度重视稀土产业发展，在党的二十大报告中指出，高质量发展是全面建设社会主义现代化国家的首要任务。"高质量发展为主题，制造业当家"，已经成为上下勠力同心，踔厉奋发的号角，中国稀土产业将迎来上下游高速发展、产业升级、产业迭代、多场景产业运用的春天。

  "一代材料，将会催生一代卓越的企业家。"吴海明的一句话，说出了许多从事稀土新材料行业人员的梦想。一个产业发展，总有一群人在努力推动。《征战，中国稀土Ⅱ》从稀土产业运用、产业布局、上市公司运营、产业链供应、金融投资等领域进行了较为全面的分析与解读，提出了不少思考及建议，能为稀土产业上下游经营者给予一个全局性、多维度的认识。

  未来中国稀土产业高质量发展，离不开国家的重视、离不开各部门的产业规划及整合、离不开六大稀土集团担纲与开放合作和产业投资人持续投入的热情及关注。随着人工智能时代的脚步越来越近，稀土新材料的下游多场景产业运用必将迎来新一轮的发展际遇。

如何调动社会资源对稀土产业链的投资？如何扩大稀土各金属元素产业运用使其得到均衡发展？如何保持高性能磁材生产及技术持续领跑？如何快速服务对接人工智能产业的蓬勃发展？这些行业发展问题都在《征战，中国稀土Ⅱ》中有较为深度的剖析。吴海明先生作为行业的奔跑者，持续聚焦稀土全产业链进行投资，这股投入精神、敬业精神值得尊重与支持。

中国稀土产业高质量发展，需要更多行业研究人员、产业投资人、实体企业家、产业金融机构等付出更多的热爱，让中国稀土新材料这个赛道有更多的奔跑者、追随者、竞争者、优胜者，相信中国稀土行业发展将会迎来持续的春天！

中国科学院院士、中国稀土行业协会会长、清华大学教授

张洪杰

2023 年 6 月

推荐序二

17种稀土元素在世界上的发现，前前后后大约花了化学家们100多年的时间。而自实现稀土元素的冶炼分离后，对稀土用途的开发、试验、应用和产业化进程是非常快的。迄今，稀土应用领域十分广泛，大至航空航天、国防军工，小至智能手机、眼镜、电池等，由于稀土具有的特殊磁、光、电特性，依然能让研究人员每隔3~5年发现一个稀土的新用途，世界每6项发明中就有1项与稀土有关。

中国在稀土领域具备多个"一"：储量第一、产量第一、销售第一、消费第一。在创新技术、专利布局、应用持续拓展等方面，逐步向强国靠近。稀土产品生产由上至下包括开采、选矿、稀土精矿的冶炼分离（冶金）、深加工和制成品（如稀土永磁材料、稀土抛光材料等），每一个环节都有关键技术，而越接近最终产品，技术含量就越高，相应的产品附加值也越高。

受益于天然的稀土储量和"稀土之父"徐光宪推出的串级萃取理论和技术，当然还有国家层面的重视和扶持、从业者的努力，以及中国制造业的强大支撑，目前中国已经形成完整的稀土产业链条，在冶炼分离环节技术实力位居全球首位，缅甸、美国、加拿大等国家开采出来的稀土矿也需要运输到中国进行冶炼分离。根据美国地质勘探局USGS数据，中国冶炼分离产能在全球占比90%左右，占据全球主导地位；海外仅澳大利亚莱纳斯（Lynas）一家公司具备冶炼分离能力，占据约10%的市场份额。

当然中国在稀土领域也有薄弱的地方，即应用端的技术创新能力不足，这是中国稀土产业未来高质量发展的痛点所在。

在过去很长的一段时间里，中国稀土以"土"的价格大量出口，私挖滥采既让珍贵的战略资源白白被浪费，也造成了严峻的生态环境问题。直到今天，中国仍为恢复由稀土开采破坏的生态环境而付出着巨大的代价。这种局面产生的根本原因，是国内管理不力、企业唯利是图。

最近的30年里，中国从政治、产业两端密集地实施了稀土"保卫战"，通过六大稀土集团牢牢从产业链的顶端控制稀土的产量和出口量，稀土生产秩序有了明显的改善，呈现出合规化、集中化、绿色可持续发展趋向。

到了当下的攻坚时刻，中国还有两条关键的路要走好：第一条是在高附加值产品领域形成核心竞争力，并需要以技术专利筑起壁垒；第二条是稀土的证券化，以金融工具助力稀土产业链的健康发展，这需要更多投资者的参与，前提是让更多人了解稀土，了解稀土产业链的发展和前景所在。

此前吴海明先生在2015年出版了《征战中国稀土》，由浅入深地剖析了中国稀土证券化的现状、趋势和重要性，其中许多观点对于稀土产业的发展具有重要意义。与前一部著作相比，本书规划五个章节，用更新、更翔实的资料，更通俗易懂的语言，辅以浅显生动的写作手段，分别叙述了稀土是什么，稀土如何应用，稀土发展的价值和意义，新材料产业的机会，稀土的国际色彩、证券化和定价权争夺，未来发展预测等内容，构成了完整的中国稀土故事，是不可多得的稀土科普图书。正如吴海明先生所言："让大家对稀土产业有更加清晰、更加立体化的认识。"

吴海明先生投身稀土产业已有20多年，人生中最富精力、最富激情、最富梦想的时光都奔赴在中国稀土证券化的征途中，在稀土产品证券化、稀土新材料产业投资方面拥有丰富的实操经验，对于中国如何争取稀土国际定价权有着独到且深度的见解。中国重要的，且是广东省首个稀土交易平台——湖南南方稀贵金属交易所股份有限公司（简称"南交所"）由他主导打造，年度交易额达数百亿元。

中国稀土产业由崛起到强大是一个漫长的过程，有过无数次的阵痛，要经历不能与外人道的挫折和失败，但是有着如吴海明先生这样众多的人士夜以继日的努力，属于中国稀土的黄金时代必将到来。

在百年未有之大变局下，稀土被赋予多重色彩，本书将带你全面了解和认识稀土，特此推荐。

中国材料研究学会副理事长、清华大学教授　翁端

2023 年 6 月

自序

揭开稀土的面纱

"中东有石油,中国有稀土。"中国改革开放的总设计师邓小平曾说过的一句话,能否让中国从稀土大国走向稀土强国?

炒股人谈稀土,几乎每家券商的研究员都会说:一年一次的行情,说来就来了,说走就走了,无法琢磨。

老百姓谈稀土,个个眉飞色舞:它是国之重器,是中美贸易中的胜数砝码,是稀缺资源,不能贱卖!

企业家谈稀土,个个好奇惊喜:它能让人一夜暴富,是致富摇篮;它贵比黄金,只是少有机会拿到稀土开采和冶炼指标、运营资质。

政府官员谈稀土,个个既爱又恨:它产值巨大,但指标管控;它利润奇高,但环保严格;它有条高压红线,不懂别碰。

业内人士看稀土,其实并不神秘:政策上指标管控,采矿及分离指标由工信部分批次下达给六大稀土集团(广东稀土产业集团有限公司、中国稀有稀土股份有限公司、厦门钨业股份有限公司、中国北方稀土(集团)高科技股份有限公司、中国南方稀土集团有限公司、五矿稀土集团有限公司)分配,下游应用因缺乏市场化导致价格巨幅波动,从业人员十年熊市、一年牛市,日子过得并不滋润。

2021年,一切都变了,感觉稀土行业的春天已经来了!

稀土价格行情一路高涨,国内不少涉及稀土及下游磁性材料的上市公司市值年度疯涨100%,在证券市场话题性居高不下。

步入2022年,部分稀土金属价格更是突破十年新高,下游应用商开始变得谨慎起来,钕铁硼企业成倍扩产后,面临原料价格高涨,甚至还出现氧化镨钕一吨难求的现象,这些产业发展背后的原因到底是什么?

新能源汽车、消费类电子、风力发电、变频空调、5G、工业机器人、民用无人机……

稀土的产业发展方向在哪里?发展机遇及发力点在哪里?我们应该如何正确看待及理性评判稀土?

这些问题的背后,该如何从产业数据中解读?

希望下面的内容能让大家找到答案,或为大家提供一些决策上的参考。

还有人问:稀土,属于大宗商品吗?显然不是!因为大宗商品一定有国际化定价平台及具有多空市场的博弈性。2015年,我出版《征战中国稀土》一书,以稀土证券化投资、国际定价权、稀土市场及运用分析、建立要素市场为总体观点。时隔多年，受众多读者及行业人士的善意提醒及建议，于是我再次执笔完成《征战，中国稀土Ⅱ》，动笔之前密集走访稀土行业头部企业、行业专家、产业研究机构等，同时在写作过程中，我尽量把这本书的文字风格定位为非工具书、非科研教程、非统计学格式，以思考及叙述方式进行行业分析及发展预测，以利于读者理解。

稀土，是稀缺资源吗？它的储量比锡、铟、铋等金属多很多很多，稀土全球储量1.2亿吨，中国储量逾4 400万吨，占已探明储量23%，稳居第一。从全球每年在工业及经济发展过程中所消耗的有色金属和贵金属量来看，以稀土目前储量及年计划开发数量来说，足够开发利用400年！还不包括科技进步进行回收及新探明的稀土储量，总体来说稀土相对于铜、锡、钴等金属不算稀缺资源。

稀土产业这十年，走过了六大集团整合发展期，走过了整治私挖滥采黑稀土猖獗时期，十年换挡超车依然没有走出国际定价权，稀土运用技术依然没有在国际市场有一席突破。

稀土产业这十年，采矿及分离两个工业端基本得到规范性按指标管控模式发展，但是稀土金属、钕铁硼下游运用端产能过剩，未能与人工智能、新能源汽车、3C消费类电子深度融合发展，未能与前端科技协同研发，形成模组化、产业化进行创新联盟。

习近平总书记对稀土寄予厚望，提出"要加大科技创新工作力度，不断提高开发利用的技术水平，延伸产业链，提高附加值，加强项目环境保护，实现绿色发展、可持续发展"这一战略要求。

国家"十四五"规划及实施已经拉开帷幕，稀土在消费类电子、5G、新能源汽车、民用无人机、风电、磁制冷、磁健康、人工智能传感器、国防科工特殊新材料等方面必将扩大应用，特别是风力发电及新能源汽车的大力发展，让

> 习近平总书记对稀土寄予厚望，提出"要加大科技创新工作力度，不断提高开发利用的技术水平，延伸产业链，提高附加值，加强项目环境保护，实现绿色发展、可持续发展"这一战略要求。

稀土在碳中和战略中肩负更加重要的使命。

无论是产业还是科技，无论是外交还是外贸，稀土的话题一直都被高度关注，希望《征战，中国稀土Ⅱ》的出版，能让大家对稀土产业有个更加清晰、更加立体化的认识，这也是《征战中国稀土》的内心力量及再版初心。

最后，为了方便读者快速阅读，每章都安排了"章节概要"部分，目的是让每一个不同关注点的读者朋友能快速了解所关注的环节及内容，同时在章节末尾增加"拓展阅读"，收纳我过往写的一些相关文章，希望这些改变可以更好地顺应阅读电子化、轻量化的时代改变。

作者

2023年6月

目录

第1章　你我身边无处不在的稀土 …………………………………… 1

 1.1　和军事有关 …………………………………………………… 4

 1.2　东方力量席卷全球 …………………………………………… 12

 1.3　美日稀土毛细血管大扩张 …………………………………… 17

 1.4　稀土大国能否一手遮天 ……………………………………… 29

 拓展阅读 …………………………………………………………… 38

 参考文献 …………………………………………………………… 38

第2章　稀土应用与中国稀土故事 …………………………………… 39

 2.1　稀土，工业的黄金 …………………………………………… 43

 2.2　大国博弈中的稀土 …………………………………………… 53

 2.3　中国稀土发展的10年 ………………………………………… 62

2.4 向稀土产业巅峰迈进 ········· 69

参考文献 ········· 80

第3章 拥抱稀土产业的春天 ········· 81

3.1 稀土政策"持久战" ········· 84

3.2 稀土的"双碳"机遇 ········· 90

3.3 中国新材料产业发展 ········· 97

3.4 中国新材料产业城机会 ········· 105

拓展阅读 ········· 117

参考文献 ········· 117

第4章 稀土产业金融与证券化的力量 ········· 119

4.1 稀土能否成为黄金白银般的国际战略物资 ········· 124

4.2 稀土的交易与定价权 ········· 131

4.3 大宗商品产业金融剖析 ········· 135

4.4 稀土金融与证券化再思考 ········· 142

拓展阅读 ········· 146

参考文献 ········· 146

第5章 稀土未来发展九大预测 …… 147

5.1 稀土将成为中国特色的国际大宗商品 …… 149

5.2 指标管控及行政手段淡化，市场化融合将逐渐主导 …… 150

5.3 稀土下游功能组合应用将出现爆炸式增长 …… 152

5.4 稀土永磁龙头企业创新能力大幅提升 …… 154

5.5 稀土冶炼分离及钕铁硼胚料产能优化缩减 …… 161

5.6 国家逐渐放开重稀土的开采 …… 164

5.7 新能源汽车和人工智能产业将成为稀土永磁重点发展领域 …… 166

5.8 钕铁硼废料及稀土磁材综合回收利用前景广阔 …… 169

5.9 2030年稀土新材料产值突破万亿元 …… 174

拓展阅读 …… 179

参考文献 …… 179

附 中国稀土30年大事记（1992—2021年） …… 181

后 记 …… 187

第 1 章
你我身边无处不在的稀土

■ 章节概要

人们时常歌颂大自然的伟大,感恩地球母亲的馈赠,体会风雨云光的润物细无声。然而人类对大自然资源的真正伟大探索和应用,往往是多数人不曾感知到的。

21世纪初的清晨,如你所愿,可以有无数美妙的铃声唤起美好的一天,窗帘缓缓打开,带进催人奋进的第一缕阳光,厨房里的电饭煲已经开始烹饪美味的早餐,空调、电灯仿佛是收到指令的士兵,整齐划一又不失温情地运作着,而你只需任由意识从容自在地醒来……

走出家门,所有电器、设备自动停止运行,当然家中的"护卫队"——摄像头依然坚守岗位。坐进汽车中,车载导航已经准备好出行的路线。此时一个电话进来,你戴上耳机,一边行驶一边通话,自动驾驶功能会保护着你的安全。

结束工作回到家中,以智能家居组成的"私家保姆团队"早已为你准备好一切:恰到好处的水温、舒缓身心的音乐、明暗相衬的灯光,科技手段让你从一切烦琐事务中抽身出来,思考真正的生与活的议题。

对于今时今日的美好生活，有无数论文、新闻、视频在记载与赞扬。但是真正的幕后英雄——稀土，却很少为人所知。

这个生于地壳的矿物，正如其身处的黑暗，从未有人写过诗歌来歌颂。但是，在100多年里化学家们持续不断地探索和实践下，17种稀土元素以日新月异的速度没有终止地发光发热，织成一张巨大而无形的网，强大且丰富，支撑着几乎所有产业的发展，照耀着你与我的身边。

2021年，稀土永磁板块股票大涨，稀土作为国家级战略性资源开始进入更多人的视野。基于中国开放的投资土壤，越来越多的人幡然醒悟："啊，原来稀土这么重要！"其话题性、关注度节节攀升。

被称为"工业维生素"的稀土，不仅早已深度参与到人类的衣食住行中，而且在工业、军事等领域发挥着关键作用，是20世纪以来强国必争的重要资源。

中国作为全球稀土储量最大、元素种类最丰富的国家，中国稀土已经走过数十年的历史，无论是内部还是外部都经历过无比艰难的挑战。

内部方面，中国稀土经历了从私挖滥采的"黑暗期"到国家出手的"整治期"，目前以六大稀土集团为首，稀土生产秩序持续改善，已形成开采、冶炼分离、应用加工、回收利用全产业链，走在了世界前列。基于可观的、多种类的稀土元素储量和生产实力，中国稀土已经实现市场规模第一、产量第一、应用第一和出口第一。

对比铜、锡等有色金属，稀土对于中国而言并不稀，稀的是稀土在高端应用领域的技术和专利。全球90%左右涉及稀土应用类的专利技术被日本东芝公司和京瓷公司、韩国三星公司、德国西门子公司、荷兰飞利浦公司、美国通用公司等国际企业收取专利费用，中国稀土企业要冲出国际知识产权保护非常困难，多数是通过合资或者专利付费的形式实现产品的生产和销售。

伴随着国际竞争愈发复杂和多元，在科技创新引领的新竞争格局下，中国目前已重点着力于稀土相关技术的突破，并持续推进稀土新材料的应用研究。

外部方面，受益也受累于极高的应用价值，稀土并非单纯的矿产资源，而是蕴含着复杂的政治色彩，是大国博弈的关键元素之一。

过去很长一段时间，以美国为首的西方国家，以太多无耻的手段掠夺中国稀土资源，中国低价出口稀土产品的收益远不足以补偿其造成的生态环境破坏。在中国意识到稀土资源的重要性后，已从政策管控、产业发展支持、技术创新鼓励等方面入手，逐步掌握稀土国际话语权和定价权，目前中国稀土产品价格持续走高。

为降低对中国稀土的依赖，美国已联合加拿大、日本、澳大利亚重新布局稀土产业链，其中美国、澳大利亚和缅甸占据的市场份额已明显扩大，全球稀土供应格局走向多元化。

目前，海外约有30多个稀土开发项目，不过受限于产业链相对落后和不完善、环保成本高、稀土矿资源不够优质，以及新冠疫情等各方面影响，产能建设进度不及预期，需要3~5年才见成效。同时期，中国也在加紧夯实在稀土领域的头部地位和全球话语权，各个经济体关于稀土资源的博弈正在走向关键期。

2018年开始的中美贸易摩擦，让中国制造业频频在关键领域被卡脖子。在此时代环境下，中国在稀土领域的绝对领先地位被赋予更多意义，种种故事也极具色彩。在此章节，将重点带大家了解什么是稀土，以及中国与其他国家和地区的稀土分布概况。

1.1 和军事有关

俄罗斯总统普京做过一个非常生动形象的比喻，说的是美国在冷战（1947—1991年发生的以美国与苏联为主的政治、经济、军事斗争）胜利后，就以"上帝在人间的大使"自居。这个"大使"不用承担任何义务，却有无数神圣不可侵犯的权益，可以以自己的利益解释国际贸易和国际关系的全部规则，所有国家只能无条件服从。

确实，美国构建的霸权体系，其他国家对其深恶痛绝而毫无办法，尤其是不在其阵营的社会主义国家，经历过其太多经济上和军事上的压制。

然而过去的几十年，正如我们所看见的，中国这头雄狮已经从沉睡中醒来，由崛起走向强大并朝着中华民族的伟大复兴前进。世界上产生了新的力量中心，美国霸权由盛转衰，寻求一个公平、自由、拥有国家主权的全球运行规则，成为每个新兴经济体的共同目标。

2022年爆发的俄罗斯与乌克兰的战争，其局势足以充分说明美国霸权体系的根基已经动摇。

自2022年2月起，俄军进入乌克兰境内，连续数月持续挤压乌军空间，目前战争尚未有结束的迹象。在此期间，西方国家尽管给予了乌克兰资金和武器的支持，同时美国带领欧盟等从产业、金融等方面制裁俄罗斯，也并没有扭转局势，更没有获得他们期待的理想果实。

"制裁是一把双刃剑，对制裁对象和实施者造成同等的，甚至更大的伤害。"俄罗斯因为受到制裁经历着通货膨胀，而西方国家也面临更大的压力。正如俄罗斯总统普京在第二十五届圣彼得堡国际经济论坛全会的发言："欧洲和美国的社会问题和经济问题在激化，商品、食品、能源和燃油的成本上涨，欧洲各国的生活水平下降，企业的竞争力逐步丧失。"预计到 2023 年，欧盟因制裁俄罗斯将直接损失超 4 000 亿美元。

现在战争还没有结束，乌克兰及其背后以美国为代表的利益体也并没有得逞。当然，俄罗斯也不能算胜利，在和平年代，战争永远不会有真正的胜利者。

另外，在这场战争中，有一个关键元素值得我们关注，就是稀土。这也是俄罗斯在这场战争中一个非常重要的"制胜利器"。

在众多应用领域中，稀土被传播最广的就是在军事装备领域的应用。比如"没有稀土火箭飞不上天""飞机、导弹、轮船全部趴窝"，等等。美国生产一架 F-35 战机，要消耗 400 多千克稀土，核潜艇消耗量更是达到以吨为单位。可以说，稀土直接决定了军事武器的科技含量和杀伤力。

> 在众多应用领域中，稀土被传播最广的就是在军事装备领域的应用。比如"没有稀土火箭飞不上天""飞机、导弹、轮船全部趴窝"，等等。

而谁掌握了稀土，谁就具备对高科技产业的部分主导话语权，并影响到一个国家高精尖武器的制造能力。一个国家如果想国力强大，就要有足够多的先进武器，而这建立在足够多的稀土储量之上。

俄罗斯就是这样的存在。俄罗斯稀土储量 1 200 万吨，位居全球第四，2021 年稀土产量约 21 700 吨，位居全球第八。产量看似不算高，但是过去欧盟为降低对中国稀土的依赖，开发了俄罗斯供应渠道，让不少欧洲稀土加工企业对俄罗斯稀土产生了依赖。

欧盟制裁俄罗斯后，俄罗斯断供了稀土，使很多欧洲稀土加工企业生产受到影响，甚至面临停工的风险。美国 F-35 战机也曾因为俄罗斯断供稀土而全面停产，此事足以让北约成员国瑟瑟发抖。而乌克兰虽然也有一定稀土储量，但是俄乌战争开始后就无法生产和出口。

这次欧盟制裁俄罗斯，看起来已经到了不顾自身利益的程度，短期内俄罗斯断供稀土新材料不会引起欧盟太大的应对措施，然而长此以往必将对欧盟经济造成巨大伤害，其民众的利益也将大幅受损。

由于在军事装备领域应用的不可替代性，稀土的威力无疑是巨大的。

正因如此，与其他珍贵自然资源一样，稀土被称作"战略性资源"，也是"政治工具"，频频在国与国之间担当博弈的棋子，具有多重色彩。

1. 国际上的高度敏感性

在探讨稀土的国际敏感性之前，我们先来了解人类社会的运行逻辑。

历史书告诉我们，人类从猿人发展为现代人、文明人，经历过若干阶段：旧石器时代、新石器时代、青铜器时代、铁器时代。其中，材料和技术的演变带来了人类的进步，也因此，材料被称作人类社会进步的里程碑。

同时人类社会不断向前滚动发展，离不开三种基本资源：物质、能源、信息。其中能源是人类活动的基础物质，主要来自于大自然，如煤炭、石油、水、天然气等，很多天然资源是不可再生的。

衡量自然资源的珍贵性，不可再生是重要指标。但是像煤炭、石油，在带来产业和经济快速发展的同时，也给地球留下了极大的环境负担。一方面是为了预防煤炭、石油的枯竭寻找更优解，另一方面也是为了寻求地球生态与人类社会的可持续发展，21 世纪人类的课题是如何发展清洁能源，不再以牺牲环境为代价换取人类文明的进步。

在这种趋势下，随着新能源汽车、消费类电子、人工智能等产业的蓬勃发展，从 2019 年起，中国稀土产业迎来了春天。

对于煤炭、石油等能源，稀土具备的特性可以提升其品质和价值，以稀土功能材料为代表的稀土新材料，还可以支撑新一代信息技术、先进轨道交通、先进医疗器械、航空航天等高科技领域的发展。

以中国的市场环境看，经过十多年国家的清理整顿，稀土产业生产秩序愈加规范。在"双碳"政策下，高性能、低功耗的稀土功能材料将满足风力发电、新能源汽车、节能电梯等新兴市场的发展，新能源汽车产业的井喷、人工智能产业的蓬勃兴旺，也将给稀土永磁提供良好的蓝海市场。

> 在"双碳"政策下，高性能、低功耗的稀土功能材料将满足风力发电、新能源汽车、节能电梯等新兴市场的发展，新能源汽车产业的井喷、人工智能产业的蓬勃兴旺，也将给稀土永磁提供良好的蓝海市场。

稀土是不可再生资源。但是稀土回收利用的产业闭环在政策和市场需求的带动下，正在发展。同时，目前稀土的深加工环节正在优化，相关企业已在着力于如何以更少的稀土实现更大的性能提升。

那么，人们对稀土为何如此爱不忍释？

首先我们要知道，稀土并非土，而是金属。"土"的说法，来自于早期化学家们把不溶于水且不受加热影响的物质称为"土"。

稀土是元素周期表中镧系元素镧（La）、铈（Ce）、镨（Pr）、钕（Nd）、钷（Pm）、钐（Sm）、铕（Eu）、钆（Gd）、铽（Tb）、镝（Dy）、钬（Ho）、铒（Er）、铥（Tm）、镱（Yb）、镥（Lu），加上与其同族的钪（Sc）和钇（Y），共17种元素的总称。按元素原子电子层结构及物理化学性质，分为轻、中、重稀土元素，前5种元素为轻稀土，其余为中重稀土，主要分布在碱性超基性岩、碱性岩、碳酸岩、花岗岩，以及与这些岩层相关的矿床中。

以矿物晶体化学划分，稀土元素在矿物中主要以三种形式存在：一种是独立矿物，以离子化合物形式赋存于矿物晶格中，如氟碳铈矿、独居石、磷钇矿、易解石，这些都是具有工业价值的矿物，稀土氧化物含量比较高；一种是类质同象，以类质同象分散于稀有金属与造岩矿物中，如含稀土的萤石、钛铀矿和磷灰石；还有一种是离子状态，以离子吸附状态赋存于某些矿物的表面或颗粒之间。自然界中已发现含有稀土元素矿物约250余种，但是仅极少部分稀土元素具有工业价值。

稀土因其独特的物理化学性质，具有内层$4f$电子数从0~14逐个填充的特殊电子结构，而形成优异的磁、光、电特性，广泛应用于新能源、新材料、节能环保、航空航天、电子信息等领域，是现代工业中不可或缺的重要元素。其中轻稀土应用最为广泛、用量也大；中重稀土资源较为稀缺，但是价值更高、可替代性小，美国军事装备制造使用的稀缺中重稀土主要由中国供应。

无可替代且优异的磁、光、电性能，让稀土实现了小小用量就有大大作用，可提质、增产，满足严峻使用环境要求，起到"点石成金"的作用。故有外号："工业味精""工业黄金""工业维生素""新材料之母"等。在工业4.0时代，稀土在智能制造领域被赋予更多的意义，是新兴产业革命的关键材料，背负着新能源、绿色环保、高效发展的使命。

> 无可替代且优异的磁、光、电性能，让稀土实现了小小用量就有大大作用，可提质、增产，满足严峻使用环境要求，起到"点石成金"的作用。

全球超过1 000多个矿山中有稀土资源，地壳丰度普遍很高，稀土看似并不"稀"。但是，真正具有工业价值的稀土微乎其微，具备开采价值的更少。另外，由于化学性质活泼，稀土元素的发现、开采、冶炼分离等工作也有着极高难度，所以人们常说稀土比黄金还稀有。

珍贵，且有实际的高价值，便让稀土具有高度的国际敏感性。

在中国，由于稀土在军事上的用途，其话题性和关注度无论在哪个阶层都会引起广泛议论、传播，很多老百姓谈及稀土，经常会发出"那是珍贵的战略资源"的感叹！

但是政府官员听到稀土，第一反应是想到污染、环保等问题。因为过去政府为清理整顿稀土而处理了许多涉及违法违纪的干部，大家都知道这是一条红线，不能碰。老百姓了解稀土的唯一途径是看新闻，但是很多产经新闻都是被过滤的、不真实的，比如清理整顿、职务侵占、环保违规、利益输送等，负面的内容太多。

然而真实情况是，稀土是国民经济中最活跃的材料，是众多产业的关键原材料之一。大家熟知的新能源汽车，每辆车稀土用量在 8 千克以上，越高档的车用得越多。

在全球，稀土储量分布并不均衡，少数的国家掌控了绝大部分的资源，但只要发展国防工业，以及传统产业的升级、新兴产业的腾飞，就离不开稀土，这就会产生资源上的争夺战。

中国稀土储量高，西方国家想尽办法以低价大量进口，同时通过高附加值应用端的技术和专利把控，以此分羹。美国更是在中国周边国家实施资源包围策略制衡。

稀土还是大国之间谈判的要素之一。中国出口的稀土在美国军事领域的应用是很广泛的。过往的几十年，美国廉价地获取了中国珍贵的稀土资源，我们靠牺牲环境，换取了低廉的外汇。后来，中国觉醒，不愿意再廉价供应稀土，这就产生了贸易的博弈。中国停供，美国就拉拢小伙伴们一起反抗，折腾得不行。

稀土的国际敏感性，是和大国的科技倾向强相关的。这里面的博弈很复杂。

大国的科技发展路线会有一个顶层设计，中国政府开始管控稀土后，把稀土列为战略物资。那么美国会找到日本，去生产最先进的材料，可以绕开中国的稀土，

> **稀土的国际敏感性，是和大国的科技倾向强相关的。这里面的博弈很复杂。**

做出可以替代的产品。其实日本用得最多的策略就是这个，你只要把某种金属列为战略金属，它就会绕开，用其他产品替代和竞争。

比如说铜，铜的导电性很好，日本没有，就发展石墨烯，石墨烯的导电

性更好，散热也好。总之，什么材料用得多，日本就会减量甚至替代，不会被你牵着走。在稀土的大国博弈里，中国喊出了战略金属，但是中国最不缺的就是稀土，镍和铁矿石等才是最缺的。

2. 生活中不可或缺的稀土

由于高度的国际敏感性，而且学术性太强，稀土看起来离我们很远。但是实际上，经过100多年的开发和应用，稀土早已无处不在。

我们日常生活的衣食住行，都与稀土息息相关。稀土发光材料可以提高织物的色彩鲜艳度；将稀土元素应用于农业，可以提升种子发芽率、提高植物光合作用、增强植物抗病抗旱抗寒等能力；稀土元素可以改善钢铁的性能，眼镜片、LED灯、平板玻璃等都离不开稀土元素的应用；马路上行驶的汽车，轨道上的动车和高铁，天空中驰骋的飞机，也都有稀土的身影。

在本章节概要中提到的以人工智能和物联网技术引领的智能家居，智能门锁、摄像头、智能音箱、冰箱、洗衣机、机器人、空调、电视机等设备都在物联网里连接，其中涉及的数据捕捉、数据传感、数据运算等都会用到微电机、微驱动，这些都是稀土永磁材料的主要应用领域。

> 智能门锁、摄像头、智能音箱、冰箱、洗衣机、机器人、空调、电视机等设备都在物联网里连接，其中涉及的数据捕捉、数据传感、数据运算等都会用到微电机、微驱动，这些都是稀土永磁材料的主要应用领域。

智能手机，其摄像模组、喇叭、屏幕涂层，同样应用了稀土元素。比如，iPhone的无线磁吸充电技术就应用了稀土永磁材料。

高楼中的电梯，稀土永磁电机目前已经实现应用，相较于传统电机，其更加节能环保，响应了"双碳"的绿色发展方向。未来随着技术的持续突破，稀土永磁体还将让高速电梯的运行变得更加安全。

中国的高铁、扫码支付、共享单车和网购繁荣的背后，稀土做出了巨大的贡献。其中在高铁方面，靠稀土钢实现的无缝对接，让高铁成为中国在世界引以为傲的奇迹。高速铁路的建设量、载有量、运营量中国都是最大的。延伸到整个轨道交通产业，一辆4动4拖列车使用稀土永磁0.25吨，包括稀土永磁电机牵引系统、稀土镍氢材料及电池、稀土涂料、稀土钢、其他稀土合金等。扫码支付、共享单车和网购涉及的微电机、磁性功能等也都有稀土的身影。

可以说，稀土元素已经是人们日常生活不可或缺的伙伴，并随着技术的进步，稀土会让人们的生活变得更加美好。

1.2 东方力量席卷全球

> 在稀土领域,中国是当之无愧的第一,拥有四项全球冠军:储量第一、产量第一、消费和市场规模第一、出口第一。

受益于先天的地理资源及后天的技术突破,中国以23%的稀土资源承担了世界90%以上的市场供应。

在稀土领域,中国是当之无愧的第一,拥有四项全球冠军:储量第一、产量第一、消费和市场规模第一、出口第一。由上至下,中国稀土在冶炼分离环节,还实现了技术的全球领先,专利数量也是最多的;深加工环节,第三代永磁材料钕铁硼产量最高,应用市场也集中在中国。

国务院新闻办公室2012年发布的《中国的稀土状况与政策》白皮书显示,中国的稀土储量约占世界总储量的23%,美国地质调查局公开的数据则显示约为36.67%,数据有差异且每年都会有细微变化,但是均位居世界首位。

世界三大稀土矿山,中国占两个,分别是内蒙古包头的白云鄂博和四川凉山州冕宁的牦牛坪。除此之外,江西赣州、福建龙岩等地区也分布着稀土资源,整体呈现"北轻南重"分布,稀土元素非常齐全。

20世纪70年代,中国稀土产品就已开始出口,目前承担了世界90%以上的市场供应,美军最好的武器系统100%依赖着中国重稀土。从品类划分看，中国主要出口稀土金属和稀土化合物，2015—2021年累计出口近32万吨，出口金额近31亿美元。

伴随着国内工业的发展壮大，中国还成为世界最大的稀土进口国。一方面，是由于中国稀土冶炼分离技术处于国际领先地位，其他国家开采出稀土矿后，需要运到中国提炼，这也属于部分进口。另一方面，中国是稀土消耗大国，而本土重稀土供应不足，合理进口可满足下游终端需求。

根据稀土行业协会公开的数据，当前中国的稀土消费量约为全球消费总量的56.5%，并且市场对稀土的需求量还在迅速上涨。有专家预测，未来5年中国稀土消费量全球占比将超过60%。如此大的需求，自然不能只出口，而不进口了。

当然，在稀土领域中国也有弱势，例如专利保护差于美国、日本、韩国等。

中国稀土的萃取技术、磁性材料的制造是国际领先的，但是80%~90%的磁性材料专利主要掌握在美国、日本的企业中。目前的很多头部永磁企业在跟美日合作的时候，还是没有跳出这样的桎梏：需要支付大量的专利费用，比如我们赚1元钱，人家可能挣到7元、8元。

还有一点，稀土的定价权不在中国。中国稀土出口，在过去很长一段时间里，我们吃了不少亏。"中国制造"一个特别大的魔咒是：低价，干最多的活，拿最少的钱。稀土下游应用核心专利掌握在美国和日本手里，而这也是最高附加值、最大利润的部分。

这是一个买方市场。中国尽管有储量也有产量，但是没有掌握稀土的定价权和绝对话语权，只能处于被动局面，这里面既有美、日、欧等阴谋使然，也有我们在技术和专利上的受制于人的影响。

> 这是一个买方市场。中国尽管有储量也有产量，但是没有掌握稀土的定价权和绝对话语权，只能处于被动局面，这里面既有美、日、欧等阴谋使然，也有我们在技术和专利上的受制于人的影响。

2021年3月1日，时任工信部部长肖亚庆在发布会上就指出："我们现在稀土

> "落后就要挨打"，更何况我们本来可以不落后。中国稀土产业自己的历史问题，就是乱。

没卖出'稀'的价格，卖出了'土'的价格，这是恶性竞争，竞相压价，使得这种宝贵的资源浪费掉。"

"落后就要挨打"，更何况我们本来可以不落后。中国稀土产业自己的历史问题，就是乱。乱象源于国家没有出手去做规划，特别是江西省，一个赣州市可以有七八十张采矿证，有上百家稀土分离厂，等于每个县都在点火，村村都在冒烟，粗放式的发展对环境的破坏是比较严重的。随着政府和社会各界认识到稀土具备的战略意义，开始实施了稀土保卫战。1998年，实施稀土出口配额制度（2014年结束）；2006年，实施稀土开采总量控制管理；2008年，国务院全面整顿和规范矿产资源开发秩序；2014年，由工信部牵头组建稀土六大集团；2016年，工信部发布《稀土行业发展规划（2016—2020年）》和《新材料产业发展指南》，为稀土应用开发作出指引；2021年年初，工信部发布《稀土管理条例（征求意见稿）》，加强稀土全产业链管理……

基于这些政策的有效实施，混乱采挖才逐步退出历史舞台，以六大稀土集团为首持续推进技术研发，把控供给端，中国稀土生产秩序得以改善。目前来看，中国已经把稀土产业从零散的、凌乱的，包括对环境不友好的发展时代，完全迭代到高质量、高速的发展阶段。到2021年，中国稀土大幅涨价，也是2015年以来中国稀土卖出最高价的一年，可以说卖出"土"价格的历史已经结束。

除政策的作用，受全球经济复苏拉动和能源价格上涨的影响，稀土功能材料下游需求结构也发生了变化，新能源汽车、微电机、风力发电等领域需求快速增长。稀土行业头部企业——北方稀土在其2021年年度报告中就提及，报告期内稀土磁性材料、稀土储氢材料和稀土抛光材料均出现普遍上涨，且涨幅高于往年水平。

2021年1月15日，工信部发布《稀土管理条例（征求意见稿）》后，中国的稀土供应量及供应指标会大幅增加，如果不考虑市场囤货惜售行为，稀土产业将迎来长期的健康良性发展。

另外，关于稀土，在中国有一个很受关注的议题，就是中国芯片被卡脖子时，作为优势产业，稀土能否成为中国的重要利器，反过来影响甚至制衡其他国家在某些高科技发展的重要手段？

> 另外，关于稀土，在中国有一个很受关注的议题，就是中国芯片被卡脖子时，作为优势产业，稀土能否成为中国的重要利器，反过来影响甚至制衡其他国家在某些高科技发展的重要手段？

以笔者十多年的稀土行业从业经验看，光靠稀土这个版块是行不通的。

稀土并不算一个特别大的产业，从原料上看最多不超过 500 亿元，怎么才能影响或制衡其他国家对我们的卡脖子？只有技术先进才能做到。比如在稀土功能材料上，我们把稀土永磁材料做到最好、最先进，这样才有可能、才有底气说反卡脖子的事。

> 单凭资源型的原材料是永远卡不住别人"脖子"的。

单凭资源型的原材料是永远卡不住别人"脖子"的。

举个例子，阿拉伯产油国说，我们几个把石油控制住，卡别人脖子试试。那么会发生什么？俄罗斯说我有，墨西哥说我有，美国也有，更何况这是石油美元的时代，他们不可能搬起石头砸自己的脚。另外在金融贸易战里，华尔街大佬甚至能把石油玩到地板价，历史上就有一次跌至 -20 美元每升。只要你敢去卡别人脖子，人家就能利用金融手段把你的原材料打回原形，甚至是归零之后还要变成负数。

但是先进技术、核心技术就能卡脖子。就像芯片，中国被卡脖子的不是原材料，单晶硅、双晶硅中国多得是，真正卡住的是封装技术、光刻机技术。就像奥本海默家族（钻石巨头戴比尔斯）垄断全球钻石原料近百年，施华洛世奇把玻璃做成那么贵的饰品，关键在于他们的技术。

> 当前，世界处于百年未有之大变局、第四次工业革命前期，以及因贸易争端和疫情导致的芯片断供加速各行各业重构供应链，不确定、不稳定因素增多，稀土资源之争更富色彩。

中国在芯片的封装技术、光刻机技术上不够重视，也没有培养相关人才，即使其他工作做好了依然会被卡脖子，其中本质就是高精尖技术被别人拿捏，原材料什么的是卡不住的。

当前，世界处于百年未有之大变局、第四次工业革命前期，以及因贸易争端和疫情导致的芯片断供加速各行各业重构供应链，不确定、不稳定因素增多，稀土资源之争更富色彩。

一方面，美、日、欧继续向中国施压确保稀土供应，同时也在重建和加强自身稀土产业链来降低对中国稀土的依赖，以美国、澳大利亚、缅甸等为代表的多元供应格局对中国稀土市场供给形成一定冲击；另一方面，中国"十四五"规划和"双碳"目标带动新能源汽车、人工智能等新兴产业蓬勃发展，终端应用范围广泛，稀土产业正乘风而起，实实在在做好技术创新，掌握话语权和定价权才是我们要征战的方向。

利益的博弈不会有终结的时候。不过对于从业者而言，任外界纷纷扰扰，稀土具备的价值已确定其长期发展的趋势不会改变。

1.3　美日稀土毛细血管大扩张

大约是从 20 世纪 50 年代开始，以美日为首的国家，在中国周边联结成了"C 形包围圈"，以此来牵制中国发展，防止中国领土的扩张。这种包围战略，在战争等必要时刻，可以切断中国的石油、天然气等战略物资的补充线路。

即使在和平年代，美日照样会通过此举发起没有炮火的战争，遏制中国的崛起和强大。

自稀土受到中国政府的严格管控，以及伴随着话语权的提升和应用市场的扩大，中国稀土产品价格持续走高后，为降低依赖，美国重启了本地的芒廷帕斯（Mountain Pass）稀土矿山，并为澳大利亚、日本、加拿大等提供援助，致力于建立起中国以外的"稀土全产业群"。

> 即使在和平年代，美日照样会通过此举发起没有炮火的战争，遏制中国的崛起和强大。

基于全球的稀土资源布局，美日目前已将其"黑手"伸向马来西亚和越南等东南亚国家，并持续实施非洲各国、蒙古、丹麦格陵兰岛等地的资源入侵计划。

根据多家调研机构披露的信息，澳大利亚、东南亚各国、非洲各国近几年陆续在推进的稀土矿开采项目，多数都得到了美国和日本的支持，当然，当地想借稀土发展经济也是主要原因之一。

自2018年开始,全球稀土供应格局发生明显变化,中国市场份额逐渐减少。2021年,全球稀土矿产量为28万吨,同比增长16.7%,中国产量16.8万吨(依据中国政府下发的开采指标),占比降低至60%。海外稀土供应中美国芒廷帕斯稀土矿山、缅甸、澳大利亚莱纳斯三大来源市场份额逐步提升,全球稀土供应格局走向多元化。

> 中国在冶炼分离环节技术实力位居全球第一,海外稀土矿开采项目开采出来的精矿只能运到中国进行冶炼分离。

当然,这些海外稀土矿开采项目短期内并不能撼动中国稀土的头部地位。此前,美国、日本等国家长期依赖中国廉价稀土的供应,我们没有做好稀土产业链布局,导致海外稀土矿开采项目普遍存在着产业链不完善的问题,多数仍处于开发初期,在技术上与中国至少有20年左右的差距。另外由于中国在冶炼分离环节技术实力位居全球第一,海外稀土矿开采项目开采出来的精矿只能运到中国进行冶炼分离。

要追平这个技术差距,美国和其他稀土矿开采国不仅需要投入大量的资金,也面临着更高的环保成本,更何况他们的稀土资源品位相对偏低。

1. 美国掀起稀土保卫战,中国已先行致远

作为一个超级大国,军事实力对于美国的重要性无需多言。作为军事装备的关键原材料,稀土便是美国的"阿克琉斯之踵"。

诚然,美国是有稀土储量的,而且还不算少。根据美国地质调查局披露的信息,美国稀土矿床主要集中分布于加利福尼亚州圣纳迪诺区芒廷帕斯、怀俄明州贝诺杰,储量150万吨,位居世界第七。真实的数据绝不止这个数,因为其87个大型稀土矿已关闭,处于封存状态,若美国所有稀土矿山全部开工,可满足全球稀土产品商业需求至少200年以上的时间。

芒廷帕斯稀土矿山储量高达132万吨,据说是中国之外最为优质的稀土

矿山之一，平均资源氧化品位达8.2%。该地曾经是全球重要的稀土供应来源地，在受环境保护法律影响，以及中国廉价稀土出口的冲击下发生过关停和破产事件。

也是受到芒廷帕斯稀土矿山关停影响，美国稀土产业链布局停滞，并逐渐落后。在中国控制稀土产品出口后，出于供应链安全考虑，美国又重启了芒廷帕斯稀土矿山项目，主要产品为氟碳铈矿，副产品为独居石。但是芒廷帕斯稀土矿山开采出来的稀土精矿，是中国国资背景企业盛和资源控股股份有限公司（简称"盛和资源"）通过海外投资合作的形式拿到了供应渠道，由盛和资源包销到中国。

2021年，美国实现稀土矿产量4.3万吨，占全球产量的15%，位居世界第二，大部分产能都来源于芒廷帕斯稀土矿山，产品以轻稀土为主。尽管在盛和资源的支持下，芒廷帕斯稀土矿山产量逐年提高，但是目前该项目已处于满负荷运行状态，未来增量空间有限。

芒廷帕斯稀土矿山项目由西半球最大的稀土生产商 MP Materials 公司负责经营。据悉，芒廷帕斯稀土矿山项目重启后分三个阶段进行推进：第一阶段是提升稀土精矿的产能，目前已经实现；第二阶段是推动公司从精矿生产到稀土氧化物的分离，这需要进行设施和工艺的改进和提升，当前处于这个阶段；第三阶段将向下游延伸，如布局稀土永磁体等，以逐步恢复美国稀土全产业链。

2. 澳大利亚肩扛美日稀土重担

在稀土的王国里，澳大利亚持续为美国保障稀土供应链的安全，在稀土供应上澳美两国合作甚为紧密。澳大利亚莱纳斯稀土公司一直都在东南亚国家投资稀土，一定程度上，美国通过澳大利亚获得稀土供应，从而在稀土供应上摆脱受制于中国的局面。

我们先来看澳大利亚稀土的情况。澳大利亚被称作"坐在矿车上的国

> 在稀土的王国里，澳大利亚持续为美国保障稀土供应链的安全，在稀土供应上澳美两国合作甚为紧密，澳大利亚莱纳斯稀土公司一直都在东南亚国家投资稀土，一定程度上，美国通过澳大利亚获得稀土供应，从而在稀土供应上摆脱受制于中国的局面。

家"，稀土储量410.4万吨，虽然排名第六，但是胜在产量高，是全球第二大稀土矿开采国，也是独居石生产大国。世界前十大稀土矿山，三座位于澳大利亚，分别是威尔德山（Mount Weld）、诺兰斯波瑞（Nolans Bore）、达博泽科尼亚（Dubbo Zirconia）。

澳大利亚Lynas公司是中国以外全球主要的稀土供应商，也是海外仅有的稀土冶炼分离产品供应商，市场份额在10%左右。澳大利亚当地并没有太完善的稀土产业链，但是Lynas公司在越南、缅甸、马来西亚、美国都投资了稀土采矿及冶炼分离项目，是美国和日本主要的稀土产品供应商。

目前澳大利亚有多个稀土开采项目，包括Mount Weld稀土矿项目、扬吉巴纳（Yangibana）稀土矿项目、Nolans Bore稀土矿项目、布朗斯山脉（Browns Range）重稀土项目和达博（Dubbo Project）稀土矿项目等，其中Mount Weld稀土矿项目已经实现商业化的量产，其他项目在开发过程中。

Mount Weld由Lynas公司负责开采，稀土储量达189万吨，平均品位高达8.3%。2020年，Lynas公司在该项目坑底下方又成功建立两个新的勘探钻洞，发现了轻稀土和重稀土。不过据媒体报道，Mount Weld项目自2013年投产年产量一直没有超过2万吨，目前产能利用率已经处于高位。

随着稀土产品价格的上涨，Lynas公司经营业绩逐步好转，毛利率从2016的5.73%增长至2021年的38.19%，净利润由负转盈。Lynas公司的发展获得了美国政府的大力支持，将在美国得克萨斯州建设轻稀土和重稀土分离加工厂。

Yangibana稀土矿项目位于西澳大利亚加斯科因（Gascoyne）地区，总体氧化物品位不算高，但是镨和钕含量分别达 8.01% 和 33.8%，由 Hastings 公司负责开采，分别由中国和德国冶炼分离企业分占产能。

Nolans Bore 稀土矿项目据称是具有全球意义和战略意义的钕铁硼项目，镨钕含量 26.4%，开采顺利的话可能成为全球高性能钕铁硼永磁产品主要供应来源，目前尚处于投资建设阶段，预计 2024 年投产。

2021 年，澳大利亚实现稀土矿产量 2.2 万吨，占全球产量的 8%，位居世界第四。随着稀土产品价格上涨，加之与美国有着紧密合作，澳大利亚目标拿下全球稀土供应超 10% 的份额。作为当地头部企业的 Lynas 公司将担起重任，它的首要问题或许是如何从工艺上减小与中国稀土产品在生产成本上的差距。相关研究数据显示，由于技术相对落后，Lynas 公司的稀土产品生产成本比中国高 30% 左右，性价比并不高。

众所周知，中国是世界上最大的工业国，也是基建大国，有庞大的工业原材料进口的需求。尤其是在钢铁的原材料铁矿石上，中国是全球最大的消耗国，保持着 80% 以上的对外依存度。由于澳大利亚铁矿石品质较高、进口成本也相对较低，加之过去双方建立过友好的经贸关系，中国铁矿石超过 60% 的份额依赖于从澳大利亚进口。

中国由于人口众多，需求市场巨大，向来处于"买什么，什么贵；卖什么，什么便宜"的困境中，在铁矿石市场由于没有定价权，更是经历了切肤之痛。凭借在铁矿石市场的垄断地位，澳大利亚经常配合美国以此发难，比如肆意抬高铁矿石的价格，导致中国钢铁企业利润空间被大幅压缩。

随着中国日益走向强大，自然不愿再做被拿捏的软柿子。2022 年 7 月 25 日，中国矿产资源集团有限公司正式成立，这是由中央直接管理的国有独资公司和国家授权投资机构，致力于增强重要矿产资源的产业链和供应链安全，将通过集中采购提高铁矿石对外谈判的议价能力。

事实上，早在十多年前，中国就已经致力于降低对澳大利亚铁矿石的依赖。这些手段包括优化国内钢铁产业、优化钢铁供应渠道等。在钢铁产业上，中国已经逐步淘汰落后产能，推进产业的升级与改造，同时更多进口半成品、成品钢材，而不是铁矿石；在供应渠道上，巴西是仅次于澳大利亚的供应商，中国可以增加巴西的供应占比，而且巴西的铁矿石品位并不弱于澳大利亚的。此外，中国与俄罗斯在钢铁上有着愈加紧密的合作，在当前全球地缘政治局势恶化下，俄罗斯将是中国更稳定、更可靠的伙伴。

> "天下熙熙，皆为利来。天下攘攘，皆为利往。"如果中国真正摆脱澳大利亚铁矿石依赖，澳大利亚铁矿石产业将失去一位送钱的"财神爷"。

"天下熙熙，皆为利来。天下攘攘，皆为利往。"如果中国真正摆脱澳大利亚铁矿石依赖，澳大利亚铁矿石产业将失去一位送钱的"财神爷"。

长期以来，澳大利亚政府配合美国，频繁对中国事务作出强硬态度，包括一系列的反华动作，比如全球第一个实施对华为5G禁令、针对中国出台了《关键基础设施安全法案》打压中国的投资、推出《反外国干涉法》打压华人企业家等。

来而不往非礼也。2021年5月，国家发改委发布声明，宣布无限期暂停与澳大利亚联邦政府共同签署的中澳战略经济对话机制，这便是中方对澳大利亚反华行径实施的反制。可以说，当下澳大利亚已经在经历着中国的抛弃，这也让澳大利亚民间的专家和学者感到担忧，纷纷喊话要求改善中澳关系。

2022年6月，中国驻澳大利亚大使肖千在悉尼分别会见澳大利亚前总理霍华德，澳大利亚前外长、悉尼科技大学教授鲍勃·卡尔。当时霍华德坦言，互惠互利且稳定发展的澳中关系符合两国和两国人民的根本利益，希望双方能够妥善处理分歧，推动两国恢复正常的务实合作。肖千认为，澳大利亚联邦政府大选产生新一届政府，中澳关系才会面临可能改善的契机。

或许是感受到了中国的强硬态度，在中国矿产资源集团有限公司成立数日前，必和必拓在中国港口正式启动铁矿石人民币现货贸易，首船交易在日照港达成。

3. 美国和加拿大抱团

加拿大与美国作为邻居，且做不到谁吞并谁，于是他们在多个层面选择了抱团。在建设中国以外的稀土产业链里，加拿大是美国重要的合作伙伴。

加拿大稀土矿床主要分布于耶罗奈夫城雷神湖（Thor Lake）、魁北克省拉布拉多地区怪湖（Strange Lake）和萨斯喀彻温省霍益达斯湖（Hoidas Lake），稀土储量82.8万吨，位居全球第十。

目前当地拥有10个左右的活跃项目，并注重对稀土资源的综合开发和回收利用。其中怪湖稀土矿项目已经完成经济评估，预计2024年投产，目标年产11 150吨稀土氧化物。内卡拉乔（Nechalacho）稀土矿项目位于西北地区，含有价值较高的重稀土，与市场需求十分契合，由加拿大第一家维塔尔（Vital Metals）负责经营。2022年5月，有消息称该项目已经开始交付，目标2025年至少生产5 000吨稀土氧化物。

在稀土领域，加拿大与美国保持密切合作，也是希望借此降低对中国的依赖。而自加拿大开始供应稀土产品后，其在稀土供应链中的知名度越来越高，尤其是在协同美国供应稀土原材料方面。

> 在稀土领域，加拿大与美国保持密切合作，也是希望借此降低对中国的依赖。

4. 火力全开争夺稀土资源

如果说澳大利亚、加拿大和美国在一条船上，那么以马来西亚和越南为代表的东南亚国家，以及蒙古、非洲各国和丹麦格陵兰岛则是美国软硬兼施拿下或者正在试图拿下的稀土国家。

先来看东南亚的稀土情况。东南亚地区11个国家中可供应稀土产品的有泰国、越南、马来西亚和缅甸；其中，日本、美国通过澳大利亚Lynas稀土公司在缅甸、越南、马来西亚都布局有稀土采矿及冶炼项目。

马来西亚稀土储量不高，分羹稀土红利的方式是引入 Lynas 公司来建设稀土冶炼厂，并频频在环境问题上给 Lynas 公司开"绿灯"，算是美国入侵东南亚稀土资源的一根关键血管。Lynas 公司在马来西亚的工厂也是海外少有的稀土冶炼分离产能工厂，设计年产能 2.5 万吨稀土氧化物，当前产能利用率已居高位，主要向美国、日本供货。

> 东南亚地区 11 个国家中可供应稀土产品的有泰国、越南、马来西亚和缅甸；其中，日本、美国通过澳大利亚 Lynas 稀土公司在缅甸、越南、马来西亚都布局有稀土采矿及冶炼项目。

越南稀土储量约 2 200 万吨，位居世界第二，最大稀土矿山是北部的莱州省，与中国云南接壤，主要向日本出口，同时日本在越南投资了稀土加工工厂。2021 年，越南稀土矿产量仅 400 吨，较 2020 年的 700 吨有所下滑，其中原因是越南当地稀土冶炼分离能力严重不足，而开采环节的利润太低，不愿意大幅提升开采量。

说到蒙古，这个国家的稀土储量不在美国地质调查局披露的全球前十排名中，但是据称已探明稀土储量高达 3 100 万吨，稀土元素也十分丰富，预计仅塔本陶勒盖煤矿就足以产生 3 000 亿美元的产业价值。也因此，蒙古一直试图将这些资源变现，并希望能以此与西方国家交好。

不过，蒙古与西方国家合作的前提是能绕过中国。中国已经提供了数十亿元的资金投资蒙古稀土，建设了产业链，如果蒙古想绕过中国向西方国家供货，或将面临高昂运输成本，其地理位置已经决定了这不是件容易的事。

再来看非洲的稀土情况。非洲稀土资源非常丰富，分布在坦桑尼亚、南非、马达加斯加、布隆迪等国。2021 年，马达加斯加实现稀土矿产量 3 200 吨，位居世界第六；布隆迪产量大幅下滑，仅 100 吨。

目前非洲已有数个稀土矿项目在开发，其中位于坦桑尼克南部的恩格拉（Ngualla）稀土矿项目，是当地首个稀土矿项目，由澳大利亚公司 Peak Rare

Earths Limited 负责经营，2022 年下半年已经获得坦桑尼克内阁的采矿许可。

非洲稀土资源一直以来备受世界各国关注，这里介绍一下莫桑比克稀土开采权之争。莫桑比克曾经是世界上最穷的国家之一，屡次发现珍贵稀土矿资源后，美国、日本、德国等均派出勘查队前往勘查，最终得出不输于其他国家稀土含量的结论，吸引了各国的注意。

其中日本开出 600 亿美元高价希望得到开采权，遭拒绝后再加价数百亿美元，仍遭拒绝。美国紧随其后，开出高价一样被拒，甚至想通过武力夺取，但是遭到欧盟强烈反对。面对着全年 GDP 总额数倍的开价，莫桑比克都没有点头，最后决定把开采权交给中国。

这样看似戏剧性的结局，其实背后原因并不复杂：在莫桑比克独立后，中国是第一个与其建交的国家；中国帮助莫桑比克解决传染病问题、援建住房和体育场、支持当地农业等，莫桑比克南部的跨海通道马普托·卡腾贝大桥，是两国基础设施代表性合作项目之一。

目前位于坦桑尼亚南部的 Ngualla 项目由 Peak Resources 公司负责经营，盛和资源已公布拟收购计划。Ngualla 项目据称是世界上最大、品位最高的未开发钕镨矿床之一，将具有重要意义。

丹麦格陵兰岛方面，由于该地处在北美洲与欧洲的交界处，是世界上最大的岛屿，其地理战略价值和矿产资源让数任美国总统垂涎，其中特朗普就表达过购买意向，不过遭到了丹麦的拒绝。

格陵兰岛稀土储量 150 万吨，位居全球第八。其稀土矿床分布在西南部、南部、中东部、中西部地区，包括加达尔省依加里科莫茨费尔特、萨法托克、可凡湾等，重稀土资源丰富。近年在全球气候变暖影响下，格陵兰岛冰层融化降低了稀土矿开采难度，各国纷纷加大合作力度，目前主要由盛和资源主导当地的矿产资源开采。

相关统计数据显示，除中国外，全球有 31 个稀土矿开采项目，部分项目已公布生产计划、确定投产时间，合计查明的资源总量高达 2779 万吨稀土氧化物。而这些项目并不只有美国和日本的身影，中国的稀土触角同样早已遍布全球。

不过看到中国稀土供应市场份额的下降,开始有种说法被广泛传播,即"多元供应格局将威胁到中国稀土的头部地位"。

在笔者看来,这种说法并不成立。中国稀土的头部地位是其他国家在以后20~30年内没有办法超越的,在更远的未来最多也只能做到并行。

理由有三点。第一,中国稀土有着得天独厚的优势,储量全球最多。第二,在稀土的冶炼分离技术上,中国是全世界最先进的,而且技术还很环保,基本做到零排放,海外项目目前做不到。当下,中国只要重视和管理稀土冶炼分离技术,防止人才外流,其他国家短时间是没有办法超越中国的。而且在全球愈发重视可持续发展和绿色经济的当下,海外项目更加无法做到牺牲环境和牺牲资源,况且稀土产业链建设花费的资金并不少。

"多元供应格局撼动中国稀土地位",这更多是美国、日本、欧盟对中国的一个假的预警。而中国应对稀土资源战也不会太复杂,加大开采、加大出口,把政策放宽一点就足够,因为我们的储量确实非常可观。

第三,应用端在哪里,市场就在哪里,王道就在哪里。现在稀土的最大应用市场在中国,况且这只是个几百上千亿的原材料市场,没有必要理会美国、日本和欧盟的太多动作。

总而言之,短期来看,由于海外稀土冶炼分离产能匮乏,全球稀土冶炼分离仍然依靠中国;长期来看,出于资源供应安全考虑,西方国家将优先采购中国以外的稀土产品,届时中国稀土产业将面临激烈竞争,而这也将激励中国稀土企业扎扎实实做好业务、做好技术创新。

与此同时,中国会持续地巩固头部地位。其中首要的是尊重市场,尊重产业运行逻辑。海外没有完善的产业布局,没有充足的市场,国内由财政部控股的盛和资源奉行"国内国外、上游下游、走出去、做深做细、垂直发展"的战略在格陵兰岛能拿回稀土资源实属不易,也是国内稀土企业走出国门,走向世界的一个标志性事件。针对目前国际市场及全球稀土应用现状,中国可以加大供应,但是固定策略是不卖"土",卖半成品,卖磁材,政府一如既往地发展下游的开发应用,与产业接轨,以材料的形式满足海外的需求就可以。

> 与此同时,中国会持续地巩固稀土头部地位。

中国要摆脱卖"土"的历史,卖技术、卖材料,即从卖原材料变成卖材料。这样做既可以解决美国、日本等国家的稀土应用需求问题,又解决了中国稀土产品附加值低的问题。

另外在海关层面,原来比较粗暴且严格的管理方式可以适当放松,从原材料管理变成稀磁性材料(如钕铁硼胚料)管理,而稀土永磁(胚料)材料不需要太过严苛的管理。

关键性材料管理更多是看其是否涉及敏感的军事秘密,比如碳纤维,韩国要出口的时候,会考察对方是普通民企还是涉军企业,涉军就会担心涉密。这也是为什么现在很少去谈军民融合。军事就是军事,民用就是民用,不要去融合,多少材料、多少技术互相融合后,有可能涉及的敏感信息更多了。

按照中国政府的规划,要在 2035 年实现从制造大国到制造强国的跃升。针对新材料领域规划发展战略,科技部、发改委、工信部等三部委都已经成立了类似"国家新材料产业发展战略咨询委员会",主要发挥新兴科技服务业在强化科技与经济对接、创新成果与产业对接、创新项目与现实生产力对接等方面的作用。

> 按照中国政府的规划,要在 2035 年实现从制造大国到制造强国的跃升。

在国内，石墨烯、芯片及封装技术、光刻机技术、纳米材料、高性能化纤等，是目前已经发现的新技术的短板。在规划当中，中国会就重点的几个领域，举全国之力，通过科研院所、头部企业从业者和投资人，共同去把原来被别人卡脖子的，或者是落后的技术，尽快地补齐短板，尽快地突破。突破完成以后，要跟头部企业做产业的耦合，无缝地去供应下游应用市场，接着快速迭代，这样才能完成"十四五"规划里面的目标。

1.4 稀土大国能否一手遮天

就全球稀土产业链而言，中国最大的不足在于应用环节的技术创新和专利壁垒不如美国、日本和韩国等国家的龙头企业做得好，这也直接影响到了中国稀土话语权在国际上的轻重。加之没有对应的、完善的稀土产业金融，定价权也一度旁落。

那么，中国能否在稀土领域影响全球产业的走向，一个动作撼动一个国家的经济发展？答案是：可以。事实上，2012年发生的稀土世界贸易组织（WTO）争端，就足以显现美、日和欧盟对于中国稀土政策变化的极大反应。我们常被说的技术创新力不足，这里面也有一个很有意思的地方，即掌握稀土下游应用专利的美国、日本企业，他们的科学家很多是中国人。

这其实可以从侧面反映出，中国人的科研实力是相当不错的，不过同时还需要更科学、更开放的科研环境和人才激励体系的建设。作为一名从业者，我非常期待未来5年，中国能够在新技术的研发、新专利的申报上，逐渐走出过往10年美国和日本企业给我们下的桎梏。

> 就全球稀土产业链而言，中国最大的不足在于应用环节的技术创新和专利壁垒不如美国、日本和韩国等国家的龙头企业做得好，这也直接影响到了中国稀土话语权在国际上的轻重。

以梯队来看全球稀土产业，中国必然在第一梯队，美国、澳大利亚、日本同样在列。这是因为，全球稀土产业的梯队划分，不仅看储量，产业布局、市场规模和技术实力也十分重要。第二梯队有缅甸、泰国、俄罗斯、越南、马来西亚、印度、加拿大，这些国家都是重要的稀土生产国，并有一定的产业布局，只是相对没有那么完善。第三梯队有马达加斯加、布隆迪等非洲国家，以及丹麦格陵兰岛、蒙古、巴西，这些国家和地区拥有可观的稀土储量，并有正在进行的稀土开采项目，但是当前未有真正成规模的稀土产品供应。

> 2021年，全球稀土总储量保持1.2亿吨规模，各国稀土储量和排名发生变化。中国、越南、巴西、俄罗斯、印度位居前五，合计已探明储量占全球的88.25%。

单纯看稀土储量，2021年，全球稀土总储量保持1.2亿吨规模，各国稀土储量和排名发生变化。中国、越南、巴西、俄罗斯、印度位居前五，合计已探明储量占全球的88.25%。这个数据，不同机构具体数字会有差异。业内使用最多的是美国地质调查局的数据，随着世界各地稀土矿被陆续发现和探明，每年都会有更新，本书提及的全球十大稀土储量信息就来源于美国地质调查局发布的《2021年矿产品摘要》。

产业布局方面，中国是唯一拥有完善的稀土全产业链的国家，并在世界各地搭建起稀土矿供应渠道；其次是澳大利亚，虽然产业链不够完善，但是相较于其他几乎没有任何开采能力的国家已经好太多，澳大利亚Lynas公司的项目是海外唯一的稀土冶炼分离产能项目。市场规模方面，随着全球产业向中国转移，加之本土新能源汽车、节能电梯、风力发电等产业的崛起，以及人口众多的优势，中国是稀土应用最大国，稀土辐射到的市场规模达数千亿元。技术实力方面，中国

> 新能源汽车、节能电梯、风力发电等产业的崛起，以及人口众多的优势，中国是稀土应用最大国，稀土辐射到的市场规模达数千亿元。

在冶炼分离环节领先，美国和日本、韩国在稀土应用环节领先。

1. 第一梯队：中国会是最终赢家

中国与美国的稀土较量正在世界各地如火如荼、明里暗里地进行着，所有能形成规模的稀土矿开采项目都出现了两方的身影。但是对于美国而言，其目的是保障供应链的安全，可对于中国而言，却是夯实江湖老大的地位。仅从这点看，中国已经赢了，并且还会是最终的赢家。

中国稀土储量4 400万吨，是稀土资源最丰富的国家，包括氟碳铈矿、独居石矿、离子型矿、磷钇矿、褐钇铌矿等，稀土元素较全。其中轻稀土矿主要分布在内蒙古包头等北方地区和四川凉山，离子型中重稀土矿主要分布在江西赣州、福建龙岩等南方地区。由于赣州离子型稀土储量较高，且该品类价值高，被称为"稀土王国"。

同时中国也是稀土产业最完善的国家，当前已形成"资源开采—稀土冶炼分离—稀土材料及终端应用—环境保护及资源回收利用"的全流程产业链。

> 同时中国也是稀土产业最完善的国家，当前已形成"资源开采—稀土冶炼分离—稀土材料及终端应用—环境保护及资源回收利用"的全流程产业链。

作为珍贵的战略性资源，稀土由中国政府严格实行生产总量控制管理，仅中国稀有稀土股份有限公司（简称"中国稀有稀土"）、五矿稀土集团有限公司（简称"五矿稀土"）、中国北方稀土（集团）高科技股份有限公司（简称"北方稀土"）、厦门钨业股份有限公司（简称"厦门钨业"）、中国南方稀土集团有限公司（简称"南方稀土"）和广东省稀土产业集团有限公司（简称"广东稀土"）六家稀土集团拥有稀土开采、冶炼分离总量控制指标。

2022年，中国稀有稀土、五矿稀土和南方稀土归到中国稀土集团旗下后，仅四家稀土集团拥有指标。据工业和信息化部、自然资源部发布的《关于下达2023年第一批稀土开采、冶炼分离总量控制指标的通知》显示，2023年第一批稀土开采和冶炼分离总量控制指标分别为120 000吨和115 000吨。

其实稀土整个产业在中国的大产业里头，产值方面是属于很小的一个小众型。整个稀土产业，分四个板块（永磁材料、光学材料、催化材料、储氢材料）去看，可能在开采这一块约为350亿元，就是全中国的开采价值，冶炼分离出来的氧化物在600亿元左右，接着到四大应用端，以及辐射到下游产值累计约3 000亿元。

> 从2020年开始，稀土行业的春天到来，整个的产业蓬勃发展，收获一批又一批所谓的迭代红利。2021年，中国稀土产业的产值已经突破了万亿元。

企业方面，目前中国涉及稀土的A股上市公司大约有三四十家。2015年在中国稀土行业比较低迷的时候，他们整个的产值、市值可能莫过于两三千亿元。从2020年开始，稀土行业的春天到来，整个的产业蓬勃发展，收获一批又一批所谓的迭代红利。2021年，中国稀土产业的产值已经突破了万亿元。

由此可见，通过过去10年国家部委对稀土产业的整合来看，中国稀土已经具备了从第一梯队继续引领世界的条件，即从现状和未来来看，已经具备这样的实力。

美国和澳大利亚的情况在前文已有详细介绍，再看看日本。日本虽然是个小小岛国，但是实力强，野心也大。针对国内稀缺的资源，日本一直很注重以储备来保障供给，包括国家储备和民间储备两个层次。其中包含稀土在内的稀有金属在20世纪就已是日本重点储备的物资之一，其储备主要来自于从世界各地的大量低价进口。

除此之外，日本还十分重视稀土的回收利用和稀土替代材料的研发，以降低对稀土的依赖。目前，日本在稀土的提取和应用方面已有丰富的积累，尤其是高附加值应用端的技术实力处于全球领先地位。

尽管当地没有稀土开采项目，但是日本也常常炒作"发现稀土"。2012年，新闻报道日本在南鸟岛附近发现大量稀土资源，2019年又公布南鸟岛稀土矿储量达到1 600万吨。据说是根据日本科研团队在附近勘测出来的，其中的镝资源可供全球使用730年，钇资源可供全球使用780年。2021年，新闻又报道，东京都为加强对国境离岛冲之鸟礁和南鸟岛的保护，在2021年度初始预算案中列入了相关经费，并进行以基础调查和信息介绍为主的工作。之所以没有采取实际的开采行动，据说是因为没有办法解决深海采矿技术，这些稀土资源处在水下几千米的地方。

在第一梯队里，中国在储量、产量和应用规模方面是远领先于美国、澳大利亚和日本的，接下来补齐应用端的技术短板是重点工作。

2. 第二梯队：中国人在缅甸撑起全球中重稀土供应

在全球稀土产业第二梯队里，缅甸稀土矿产量是最高的，其次是泰国，而包含这两个国家在内的东南亚国家，他们的稀土开采、贸易链条与中国有着千丝万缕的关系。

根据笔者了解到的信息，越南、马来西亚、缅甸的采矿技术人员几乎都来自江西赣州管辖的龙南、全南和定南三县，整个东南亚地区中国籍稀土采矿和冶炼从业人员达到2万人以上，占比80%左右。

这些人之所以齐聚东南亚，源于赣州过去以稀土资源为中心的大招商，特别是龙南、全南和定南三县。当时只要投资稀土就配套稀土采矿权证，最后赣州累计核发了76张（另有说法88张）稀土采矿许可证，这种没有节制的行为导致区域内出现"黑色产业链"，甚至是官商勾结。赣州定远县在2013年的稀土联合"打黑"专项行动中，大批官员落马。

国家开展"黑稀土"整治行动后，赣州大量从事稀土采矿和冶炼的技术人员因此失业，越南、缅甸等东南亚国家稀土大开发风起后，这些人便赶去"淘金"。

缅甸拥有较多的中重稀土矿资源，中国镝元素和铽元素的一半供应就来源于这个国家。2021年，缅甸稀土矿产量为2.6万吨，占比全球产量的9%，位居世界第三。但是受美国控制、当地政局动荡、环境破坏和疫情影响，缅甸稀土供应并不稳定，而且有说法称，在经过近几年的大规模开采后，缅甸稀土矿资源大概率将进入产出量周期性见顶的阶段。

根据海关总署的数据，截至2022年4月，中国从缅甸进口稀土产品较2020年、2021年已大幅减少，1—3月仅有微量进口，4月虽然大幅提升至1 153吨稀土氧化物，但是较2021年同期的2 334吨稀土氧化物还是接近减半。

相较于其他东南亚国家，缅甸是一个较为封闭的国家，也因此更为独立，与中国的关系更加亲近。而且第二次世界大战后，缅甸长期经历内战，西方国家对其频繁实施封锁制裁，只有中国一直支持缅甸政府和当地经济的发展。

泰国稀土矿产量在2021年实现较大增长，达到8 000吨，位居世界第五，是重要的稀土生产国。

越南在部分资源上储量是非常丰富的，稀土就是其一，储量约2 200万吨，位居世界第二，集中分布在与我国接壤的地区。其中莱州省封土南塞稀土矿，北南两段原生矿均为氟碳铈矿、氟碳钙铈矿、重晶石、萤石组合，与东堡稀土矿储量相差不大。

为保障供应，2012年日本就与越南达成稀土开发合作，在越南首都河内设立了稀土研究技术合作中心，对东堡稀土矿开采出的矿石进行提炼。除技术支持，日本也提供了资金支持，甚至以军事装备来拉拢，按照规划该项目将在2023年开始生产。

值得关注的是，越南政府虽然希望借力稀土发家致富，但是当地政府也越来越重视环境保护，环保政策逐渐收紧也将影响稀土的开发及供应。有越南学者指出，采矿区环境污染严重，即使是自称重视环保的日本企业也在越南发生过几次河流污染事件。发展经济还是保护环境，越南政府需要做好平衡。

目前越南稀土矿开采量不算高，2019年和2020年稀土产量分别为1 300吨（稀土氧化物）和1 000吨（稀土氧化物），向日本和中国出口。2021年，越南稀土产量再降到400吨。由于工艺能力有限，越南目前还难以获取可观利润，但是确实在国际稀土供应链中扮演着关键的角色。

再来看俄罗斯。俄罗斯稀土储量不少，达1 200万吨，位居全球第四，主要来源是从磷灰石矿石中回收稀土。2013年，俄罗斯宣布开发西伯利亚雅库特的托姆托尔（Tomtor）稀土矿，该地稀土储量巨大且品位高，或将形成对中国稀土供应的威胁。

同时为降低对关键金属进口的依赖，俄罗斯近年试图增加稀有金属和稀土金属的开采量，目标到2024年稀有金属和稀土金属的产量分别增加至约2万吨，到2030年超过7万吨，其中稀土金属为3万吨。而2021年，俄罗斯稀土金属产量为2 700吨，位居世界第八。

> 俄罗斯近年试图增加稀有金属和稀土金属的开采量，目标到2024年稀有金属和稀土金属的产量分别增加至约2万吨，到2030年超过7万吨，其中稀土金属为3万吨。而2021年，俄罗斯稀土金属产量为2 700吨，位居世界第八。

欧洲对俄罗斯稀土供应存在一定依赖，俄乌战争之后，美国和欧洲对俄罗斯的制裁就导致了一些稀土加工企业出现停产的风险。

印度方面，当地稀土储量690万吨，位居全球第五，以独居石为主，分布在海滨砂矿和内陆砂矿中，包括西南海岸的恰瓦拉和马纳范拉库里奇的特拉范科矿床。虽然资源丰富，但是印度目前在国际稀土贸易中的份额和影响力不高，远不如澳大利亚。2020年和2021年，印度稀土产量均约2 900吨，位居世界第七。

印度有资源、缺工艺，澳大利亚有工艺，想扩大市场份额，据悉双方有望在稀土领域展开合作。澳大利亚政府2021年发布的《释放印度-澳大利亚关键矿产合作伙伴关系潜力》报告指出，希望双方能建立战略伙伴关系，在澳大利亚或印度投资澳大利亚稀土精矿的加工或精炼项目。

3. 第三梯队：非洲成香饽饽

美国地质调查局发布的2021年全球稀土主要开采国中，非洲的马达加斯加和布隆迪上榜。除此之外，非洲的坦桑尼亚和南非（南非共和国）的稀土资源也非常受关注。

2010年代，坦桑尼亚频频发现稀土资源。其中2015年在东非大裂谷边缘地带发现了最高品位的钕矿和镨矿，有说法称其价值超过世界市场的70%。坦桑尼亚已探明稀土储量88.8万吨，位居全球第九。目前恩格拉（Ngualla）项目、韦古山（Wigu Hill）项目分别由两家澳大利亚公司——匹克资源有限公司（Peak Resources Limited）和威塔尔金属公司（Vital Metals Limited）负责开采。2022年，盛和资源宣布公司控股股东拟收购Peak Resources Limited 19.9%的股权。据盛和资源介绍，恩格拉项目预计投资约2亿美元，年处理原矿约80万吨，产稀土精矿（45%稀土氧化物）约3.72万吨。

南非稀土储量达79.2万吨，包括铂族金属、氟石、铬、黄金等，合计占非洲的50%，是世界五大矿产资源国之一。世界前十稀土矿之一开普敦省（Zandkopsdrift）就位于南非北开普省。有说法认为，作为非洲地区重要的独居石生产国，南非有望成为稀土版图上的黑马，而整个非洲地区的稀土资源有望成为各国摆脱中国稀土控

> 作为非洲地区重要的独居石生产国，南非有望成为稀土版图上的黑马，而整个非洲地区的稀土资源有望成为各国摆脱中国稀土控制的棋子。

制的棋子。

除了非洲，丹麦格陵兰岛、蒙古国和巴西稀土容量也不容小视。其中巴西据称是世界上最古老的生产稀土的国家，该国从1884年起向德国出口独居石，其稀土储量2 100万吨，位居全球第三。公开资料显示，巴西的独居石主要分布在里约热内卢到北部福塔莱萨的东部沿海地区，矿床规模十分庞大，但是由于开采活动对环境有害，目前已禁止开采。2020年，巴西稀土产量为600吨，2021年稀土产量为500吨。

不过这么大的资源储备，巴西的稀土开采动作并非停止。根据媒体报道，2020年，巴西矿业公司Serra Verde宣布将投资1.5亿美元在Goiás州的Minasu市建设一座稀土选矿厂；2022年，加拿大稀土公司（Canada Rare Earth Corporation）公布了在巴西北部Rondônia州投资3.15亿美元稀土项目的计划；同年美国铀和稀土生产商Energy Fuels宣布已签订具有约束力的协议，以2 750万美元收购Bahia重矿砂项目，根据初步的估计，该项目可提供3 000~10 000吨每年的独居石砂矿，其中含有1 500~5 000吨每年的稀土氧化物。

拓展阅读

吴海明：一代材料会诞生一批伟大的企业（长视频）

吴海明：写在20200220

参考文献

[1] 陈光, 崔崇, 徐峰. 新材料概论[M]. 北京: 国防工业出版社, 2013: 1-3.

[2] 中华人民共和国国务院新闻办公室. 中国的稀土状况与政策[EB/OL]. www.gov.cn/zhengce/2012-06/20/content_2618561.htm. [2012-06-20].

[3] 北方稀土. 2021年年度报告[EB/OL]. http://static.sse.com.cn/disclosure/listedinfo/announcement/c/new/2022-04-15/600111_20220415_10_ynBVw63k.pdf. [2022-04-14].

[4] 美国地质调查局. 2021矿产品摘要[EB/OL]. www.nacmids.org/home/data/show/catId/59.html. [2021-02-05].

[5] 郭咏梅, 孟庆江, 杨丽, 等. 我国稀土总量控制指标区分轻重稀土资源进行管控[J/OL]. 中国稀土行业协会, 2021. https://www.ac-rei.org.cn/article/943ebdcb-7c2f-46f8-a137-560b0d447c8c. [2021-03-26].

[6] 工业和信息化部、自然资源部. 关于下达2023年第一批稀土开采、冶炼分离总量控制指标的通知 [J/OL]. 2023, https://www.miit.gov.cn/jgsj/ycls/wjfb/art/2023/art_cfcef0279a2a4fe0938691a3ac1b1e3e.html. [2023-03-24].

第 2 章
稀土应用与中国稀土故事

■ 章节概要

行程万里，不忘源头。透过历史的眼眸看待当下和未来，才能知道为什么出发，以及如何更好地前行。

中国稀土故事之所以能走向精彩，离不开两个关键人物：方毅、徐光宪。前者是国务院原副总理、中国科学院原院长，亲力亲为为打造"稀土大国"作出了决策；后者是中国科学院院士、物理化学家，攻克技术难关成就"稀土强国"。而在他们背后，是党中央、国务院、邓小平、温家宝等对稀土产业开发的鼎力支持。

时间拨回到 20 世纪 70 年代，在中国政府关注共生矿的综合利用以前，各地矿山以采铁为主，很多含有宝贵资源的矿渣要么回到尾矿坝，要么随着雨水流走，其中就包括了稀土元素。十足的"吃了豆腐渣，丢了豆腐"。

中国并非不知道稀土的应用价值，而是没有办法很好地加以利用。被称作 17 个孪生兄弟的稀土元素，化学性质十分相似，分离的困难程度比在挖掘机中挑出一粒沙子有过之而无不及。

当时，稀土元素可量产的冶炼分离技术掌握在美国和法国等国外企业的手中，这些技术对中国实施封锁。中国只能低价出口稀土矿原料，再高价买回稀土制品，守着丰富的稀土储量却只能任人宰割。尽管尝试过购买国外的技术，奈何他们的条件十分苛刻，不仅要价奇高，而且并不是真心给技术，至多是想让中国成为他们的海外工厂。

既然买不了，那么还是得靠自己。

1972年，北京大学接到分离稀土元素镨、钕的任务，有过核燃料萃取化学研究经验的徐光宪担起重任，并很快于1975年提出了稀土串级萃取理论。

出生于浙江上虞的徐光宪曾到美国攻读硕士和博士研究生学位，专注于物理化学课程，并获得了很好的工作机会。抗美援朝战争爆发时，了解到美国政府将限制留学生回国后，一直有着报效祖国的深切愿望的徐光宪和妻子高小霞毅然放弃美国国籍的申报和优厚待遇，于1951年登上了驶向祖国的轮船。

回国后，夫妇二人进入北京大学任教，组织开展物理化学课，积极为国家培养量子化学和络合物化学方面的人才，并根据国家需要承担了不少重大项目。

在徐光宪和其团队推出应用于稀土元素分离的萃取法前，国际上普遍使用的是离子交换法和分级结晶法，掌握在美国、日本、欧洲等国的手中。离子交换法和分级结晶法虽然实现了稀土的量产，但是相对而言效率和成本并不是最优解，何况中国根本拿不到这两个技术。

徐光宪认为，中国稀土具有得天独厚的优势，可以发挥更大的价值，于是他着重研究了分离效果好、可快速连续生产和便于自动控制的串级萃取技术，希望以低成本、高效率的方式助力中国稀土产业发展。

四年间萃取法成功应用后，徐光宪积极开班教学，举办"全国串级萃取讲习班"，不断优化工艺，自此才打破国外的技术垄断。

到1978年，方毅在全国科学大会上提出，要加快攀枝花、包头、金川等多金属共生矿的研究，攻下综合利用技术关，正式拉开了中国共生矿综合利用的帷幕。

1978—1986年，方毅七下包头，与徐光宪等上百位科学家以及相关部门人员，到矿山现场研究和解决问题，并且亲自下到几百米深的矿井中，矿井中小至矿石管道、仪器设备，大至政策引导、产业布局，方毅都深度参与其中。

第四次到包头调研时，方毅有了信心，他说道："我们要努力成为世界上的稀土大国，实现资源第一、生产第一、出口第一、应用第一的工作目标。"

基于邓小平高瞻远瞩的思考和方毅一点一滴的落实，终于徐光宪的串级萃取技术让中国稀土冶炼分离技术走向成熟，中国稀土故事情节得以扭转，成为稀土生产和出口大国。

1996年，中国稀土产量正式超越美国，直到现在仍位居世界第一。

中国稀土的日渐强大，也伴随着中国军事实力的日渐强大。"两弹一星"的突破，稀土应用带来的国防工科力量的增强，撑起了中华民族的脊梁，中国在国际上也愈发挺起腰板。

稀土强国路漫漫，不可否认，中国也有做得不好的地方。

串级萃取技术大幅提高了稀土冶炼分离的产能后，美国、日本、韩国和欧盟索性停止对本国资源的开采，转而大量采购中国廉价稀土，他们除实际应用，还做了战略储备。由于我国不够重视知识产权和专利保护，徐光宪的串级萃取技术外泄，"黑稀土"猖獗，稀土产品走私严重，供过于求叠加美日欧把控价格的阴谋手段，中国稀土价格最终长期偏离实际价值。

过度的开采也造成了严重的环境破坏，这让徐光宪非常心痛，晚年不断奔走呼吁政府加强稀土开采治理和注重环境保护问题，并得到了时任国务院总理温家宝的批示。

在稀土领域的巨大贡献，让徐光宪收获了"中国稀土之父""稀土界的袁隆平"的荣誉称号。

20世纪90年代起，中国正式打响稀土保卫战。

通过多次实施稀土产业整治工作，中国政府由上至下控制稀土开采、冶炼分离产能，并从资源税、回收利用、应用研究等多方面布局，提高稀土领域的生产和技术实力，目标是逐步提升话语权和掌握定价权。

目前以北方稀土、南方稀土、五矿稀土、广东稀土、厦门钨业、中国稀有稀土六大稀土集团为首，中国稀土产业生产秩序愈加集中化、规范化、合法化、有序化，稀土应用领域也在不断延伸。

> 2019年，习近平主席到江西赣州考察时对稀土产业未来发展作出重要指示："要加大科技创新工作力度，不断提高开发利用的技术水平，延伸产业链，提高附加值，加强项目环境保护，实现绿色发展、可持续发展。"

2019年，习近平主席到江西赣州考察时对稀土产业未来发展作出重要指示："要加大科技创新工作力度，不断提高开发利用的技术水平，延伸产业链，提高附加值，加强项目环境保护，实现绿色发展、可持续发展。"叠加"双碳"目标、人工智能等时代机遇，稀土产业迎来春天。

本章将带大家了解稀土主要的应用领域，以及中国稀土产业状况。

2.1 稀土,工业的黄金

稀土的17种元素尽管化学性质相似,但是除了部分领域存在元素应用重合外,或多或少都有其差异化的大用处。

因为稀土元素具备的磁、光、电特性,使其具有"点石成金"的作用,可改造冶金、石油化工、农业、纺织等传统产业,提升产品性能和附加值;也可发展新能源汽车、节能电梯、航空航天、5G等新兴产业及国防科技工业,是高科技领域多种功能材料不可或缺的关键元素。

若以大自然中的现象作为比喻,稀土就是阳光雨露,滋润着实体经济的发展。

具体而言,镧系元素中镧(La)广泛应用于磁阻材料、发光材料、光学玻璃和各种合金等,农业中的光转换农用薄膜也用到镧;铈(Ce)的应用领域同样广泛,包括抛光粉、储氢材料、热电材料、压电陶瓷、汽油催化剂等;镨(Pr)应用于陶瓷材料、磁性材料、石油催化裂化材料等;钕(Nd)是第三代稀土永磁材料钕铁硼的主要原料之一,也可应用于有色金属材料;钷(Pm)可作为热源,提升能量;钐(Sm)具有核性质,可以作为原子能反应堆的结构材料;铕(Eu)可用于荧光粉,终端应用领域包括医疗、日常消费品等;钆(Gd)可应用于磁制冷等领域;铽(Tb)可用于荧光粉、磁光玻璃;镝(Dy)添加在钕铁硼磁体中,可以提高矫顽力;钬(Ho)和铒(Er)可掺入光纤器件,以提升性能；铥（Tm）在医疗领域可用作医用轻便X光机射线源；镱（Yb）用途很广泛，包括热屏蔽涂层材料、磁致伸缩材料、树脂基填料等；镥（Lu）可用于制造特殊合金，添加适量的钪（Sc）和钇（Y），可以改善合金的强度、硬度等性能。

> 永磁材料、冶金、玻璃陶瓷、荧光粉、催化材料、储氢材料等是稀土元素最主要的用途。

永磁材料、冶金、玻璃陶瓷、荧光粉、催化材料、储氢材料等是稀土元素最主要的用途。由于国家重点发展稀土永磁材料，目前该领域应用最为广泛，其他利用率低的元素也在积极探索技术运用路线及开发新的使用领域。

目前平均每隔3~5年，研究员们就能发现稀土元素的新价值。

作为一种原材料，稀土与人们的日常生活看似相距很远，实则无处不在。很多人知道稀土的重要性，可以应用在多个领域，不过很难搞清楚稀土到底是如何发挥作用的。这里，笔者将介绍稀土在七大终端领域的应用情况。

1. 新能源汽车井喷的幕后英雄

缺水的非洲地区，要是能挖出一口喷涌的泉水，那将是令人欢呼雀跃、值得感恩戴德的大事。中国新能源汽车的崛起，恰恰像是在沙漠中打出一口涌泉！

作为中国制造业最大的短板，在汽车产业实现新能源汽车的井喷，对于中国而言同样意义非凡。一方面，中国以换道超车的方式冲破了欧美日百年来筑起的坚实围墙；另一方面，短板拉长后自然能盛更多的水，中国经济以一个全新的应用领域实现了扩容。

根据工业和信息化部数据，中国新能源汽车2021年销量为352.1万辆，2022年实现同比增长39.4%，达688.7万辆。在新冠疫情的此起彼伏、极度缺芯的供应链挑战下，成绩依然超出了大多数从业者和专家的预期。

新能源汽车扶摇直上九万里的背后，到底是什么在起作用？

"双碳"政策、购车补贴、大佬们"烧钱"创业、"蔚小理"的虔诚信徒、全球绿色可持续趋势、油价飙升、充电网络的完备、日益丰富且优质的供给、油车企业的江河日下……笔者认为，新能源汽车的成功，显然是多种因素合力的结果，以中国的老话来说，天时、地利、人和都具备了。

如同阳光雨露的稀土，同样是新能源汽车井喷背后的合力之一。一辆新能源汽车的核心部件，至少要用到七八千克的稀土材料，越高端的车用得越多。稀土应用水平的提升和生产成本的下降，也带动了新能源汽车的普及。

当然，稀土也应用在传统汽车上，如电动助力转向系统（EPS）和微电机。只不过，在世界各国纷纷出台政策支持新能源汽车发展，以及新能源汽车更注重节能环保的背景下，稀土在新能源汽车上的应用显然更具想象空间，且目前在高性能钕铁硼永磁材料行业的确占据着重要的市场份额，传统汽车和新能源汽车合计占磁材应用市场 50% 左右的份额。

简单来看，稀土在新能源汽车上的应用有四大方向。一是稀土永磁电机，即在汽车中起到将动力蓄电池的电能转化为机械能，驱动发动机飞轮旋转实现发动机启动的作用，是新能源汽车三大件之一。对比传统的电励磁电机，稀土永磁电机运行更可靠，而且体积小、质量轻、损耗低，可满足现代车厂灵活设计电机的需求。特斯拉的 Model 3 就用永磁同步电机替代了 Model S 上的三相异步电机，可以有效降低车身质量，提升运行效率。

> 一是稀土永磁电机。

稀土永磁电机采用的是高性能钕铁硼永磁材料，这是第三代稀土永磁材料的代表。该材料拥有极高的磁能积和矫顽力，可以使仪器仪表、电声电机、磁选磁化等设备的小型化、轻量化、薄型化成为可能，同时提高效率和降低能耗，在"双碳"目标下具有广阔的应用前景。

弗若斯特沙利文的报告显示，稀土永磁材料 2015 年全球消耗量约 14.66 万吨，在新能源汽车出货拉动下，2020 年已增加至 20.95 万吨，预计到 2025 年将达 30.52 万吨，即未来几年保持高速增长。

在稀土永磁行业，中国已成长出北京中科三环高技术股份有限公司（简称"中科三环")、宁波韵升股份有限公司(简称"宁波韵升")、烟台正海磁材股份有限公司(简称"正海磁材")、浙江英洛华磁业有限公司(简称"英洛华")、江西金力永磁科技股份有限公司(简称"金力永磁")、安徽大地熊新材料股份有限公司(简称"大地熊")等多家优秀企业,其中中科三环是全球最大的钕铁硼永磁体制造商之一。

二是稀土动力电池。永磁驱动电机本就是稀土应用的主要领域之一,稀土还在新能源汽车整车装备中是不可或缺的关键性材料。

> **二是稀土动力电池。**

在锂电池的制备上,稀土材料用在正极部分,通过掺杂技术增加材料的晶胞体积,使材料形成均一的颗粒,改善锂离子的扩散条件,从而提高电池的容量和稳定性;在铅酸蓄电池的制备上,稀土主要用于板栅材料,加入稀土元素可以提高电极板铅基合金的强度、塑性和抗腐蚀性,从而提高电池的寿命、稳定性;在镍氢电池的制备上,稀土储氢合金是镍氢电池负极的组成材料,可在实现高速放电的同时抑制电池寿命的缩减,与传统镍镉电池相比,镍氢电池能量密度更高,也更环保。

在新能源汽车行业中,电池的升级迭代具有重要意义。因为对比油车的长续航,新能源汽车如果受限于电池的续航里程,其实很难真正替代油车。而电池续航能力提升之后,油车跑 800 千米,新能源汽车同样也可以做到,就打破了油车固有的壁垒。

三是汽车尾气净化催化剂。新能源汽车并非就能实现零排放,而为减少汽车尾气排放,部分车辆在出厂时会安装三元催化剂,以将有毒气体转化成无害气体,这里面就用到稀土催化材料,以氧化铈、氧化镨和氧化镧的混合物为主。工信部发布的《稀土行业发展规划(2016—2020 年)》,其中提及要开发满足国Ⅵ标准汽车尾气净化催化剂。

> **三是汽车尾气净化催化剂。**

四是氧传感器中的陶瓷材料。由于电子结构较为特殊，稀土元素具有储氧功能，电子燃油喷射系统氧传感器中陶瓷材料的制备就应用了稀土元素，这样催化效果更佳。

> 四是氧传感器中的陶瓷材料。

当然除了以上四个大方向，稀土还用于轮胎、车身钢材、轮毂、轴承等汽车部件，大概上百种器件使用了稀土，可以说稀土是汽车制造不可或缺的关键元素。

随着新能源汽车购买量的持续扩大，对稀土材料的需求量也会更高。中国在新能源汽车行业已经实现绝对领先，涉及稀土应用也需要尽快在国际上形成独有的专利保护。

2. 冶金和国防科技工业里的"点石成金"

首先来看冶金行业。稀土在冶金行业的应用已有 30 多年，这是一个量大、面广的应用领域，已经形成较为成熟的技术和工艺。

稀土在钢中的应用，迄今已有数十年的历史，将稀土元素加入钢中，能起到精炼、脱硫、中和低熔点有害杂质的作用，可提高钢的韧塑性、耐磨性、耐热性和耐蚀性，提升钢铁的品质；在铸铁中，加入稀土元素可以起到变质作用，提高材质性能，以及起到净化作用，去除有害杂质；稀土元素加入镁、铝、铜、锌、镍等有色合金中，可以改善合金的物理化学性能，提高合金室温及高温机械性能。

常规划分中，稀土在冶金行业和国防科技工业的应用是分开的。这里放在一起是因为它们有着很大的相关性。比如铈族元素制作的合金，弹性、韧性和强度得以大幅提高，是制作喷气式飞机、导弹、发动机及耐热机械的重要零件，这算是在国防科技工业的应用，但其与冶金行业的应用是有重合的。

国防科技工业是稀土最顶尖的应用领域，几乎所有的高科技设备和武器都用到稀土元素。

用于发射"神舟五号"载人飞船的长征二号F运载火箭、长征三号乙捆绑式运载火箭都有稀土的身影。美国"爱国者"导弹之所以能精准拦截来袭导弹，同样得益于使用了大约4千克的稀土永磁体，主要在电子束聚焦上发挥作用。一些关键的军事应用领域，重稀土用途最为突出。

中国的国防科技工业由弱到强，一方面受益于稀土等先进材料的应用，另一方面也来自无数科技工作者呕心沥血的付出。

在新中国成立的初期，我们根本没有能力生产像潜艇这样的先进设备，只能依赖于国外购买。不过中国工程院院士马伟明发现，这些国外的产品无法解决系统的固有振荡问题，于是便自筹资金攻克这一技术隐患，由他发明的多项整流发电机，解决了这一问题。另外在航母上，马伟明还改进过弹射系统，以电磁弹射取代蒸汽弹射，解决了弹射系统稳定性较差、反应时间较长的问题。

2022年6月17号，中国海军"福建号"航母在上海江南长兴造船厂下水，就搭载了先进的电磁弹射系统。作为世界上最顶尖的军事装备，中国在"福建号"上已经完全实现自主制造。其拥有8万多吨的满载排水量，证明了中国制造业的极高水平。

从"辽宁号"到"山东号"，再到"福建号"，中国海军靠实力正式迈入大国行列。而这三艘航母不断迭代的背后，稀土合金等稀土制品在其中承担了光荣的角色。稀土在国防科技工业成熟而广泛的应用，也将推动稀土元素在民用市场的进程。

3. 人类健康的守卫

磁疗手链或者项链相信很多人戴过。卖方宣称可以促进血液循环、消除疲劳、改善睡眠等，这些作用是否有科学依据，由实践数据说明，我们不作细究，但是这的确是稀土在医疗领域应用的一个方面。

事实上，稀土在医疗领域的应用非常广泛，不亚于汽车制造业。

其中一个大方向是药物，添加稀土元素的药物，可以起到抑癌、抗肿瘤、抗动脉硬化、抗炎和杀菌、降低血液凝固、提高细胞活性等作用。稀土化合物还可以提高烧伤治疗效果，原理是稀土化合物促进了细胞的分裂和生长，表面细胞脱落、生长后，可以加速伤口的愈合。

另一个大方向是医疗器械。医院里很多设备的磁性，就来自于稀土，利用稀土永磁材料制成的磁共振成像（MRI），可用于全身系统（或者器官）的成像诊断，从而辅助医生更好地观察患者身体的变化，作出定位定性诊断。稀土元素还被应用于手术使用的激光刀和X射线增感屏，在扫描、造影等方面也有其应用。

过去，价值千万级别的磁共振成像装置都是由飞利浦、通用电气（GE）、西门子等几家国外的企业垄断，三甲医院的大额采购是要受卫生部（现国家卫生健康委员会）管制的，因为会涉及外汇的耗费。中国从稀土材料等方面一点点攻克后，才打破磁共振成像装置的垄断性供应，降低了应用的成本，才逐渐普及磁共振成像装置。在人口愈发走向老龄化的今天，磁共振成像装置大范围下沉至村镇医疗场所，可以为人们的健康监测提供更便利、更高质的医疗条件。

以徐光宪为偶像的兰州大学化学系唐瑜，从事稀土研究已有20多年。目前唐瑜团队就稀土元素在癌症上的应用有一项研究：利用稀土发光配合物的设计，实现了对早期癌症标志物的高灵敏度检测，正在与医院合作开展肿瘤标志物的稀土荧光检测试剂盒的研发。

近几年，在新冠疫情防控上，稀土元素的应用研发也颇受重视。中国科学院包头稀土研发中心就联合中国科学院理化技术研究所王乃兴研究员团队，进行了用于医疗器材生产的稀土抗病毒助剂的研发，目标是降低医用防护材料、医疗器械材料与人体接触时带来的感染风险。王乃兴研究员团队此前还成功研发出一种稀土化学位移试剂，主要作为磁共振成像仪的耗材，达到提高磁共振成像系统的信号清晰度和信噪比的效果。

抗疫装备如注塑机微电机、口罩机电机、低场计算机断层扫描（CT）造影、音圈电机（VCM）、体外膜氧合器（ECMO）离心泵、红外线额温枪快门电机等，也都用到了稀土永磁材料。

可以说，稀土在无言地承担着时代和社会的重担。

4. 城市文明中的"一道绿光"

我们日常搭乘的电梯，已经成为不可或缺的公共设施，几乎不间断运作的电梯耗电极大。Wind数据显示，由于需求大幅增长，2020年国内生产电梯超百万台，每部电梯每日平均耗电量达到40千瓦，在中高层建筑中耗电量已仅次于空调。

在国家节能减排政策不断落实下，很多楼宇开始采用节能电梯。节能电梯的曳引机主要为永磁同步电机，对比传统异步电机，采用的是直驱方式，既提高传动效率，又可显著降低能耗，相关数据显示，可降低能耗达50%左右。

永磁同步电机采用的也是高性能钕铁硼永磁材料，单机需求约6千克，包括节能变频空调、消费电子产品、机器人等，是高性能钕铁硼永磁材料主要的应用领域。这种材料的应用一方面有助于节能减排，另一方面材料的轻便化可支撑更多元的设计，且有提升性能的作用。

在电梯安全性上，稀土永磁可以实现更加平稳的运行，通过磁力来避免电梯高速运行可能带来的撞击问题。

5. "食"在稀土

日常生活必需的瓜果蔬菜，与稀土也有着密切的联系。稀土冶炼分离末端产生的废水，其中含有的氨可以用于制造氮肥和复合肥料，可以实现农业的增产，变废为宝，也解决了稀土生产过程中可能造成的环境负担。

稀土在农业上的应用是我国的一大创举，迄今已有50多年，且居于国际先进水平。在作物中应用稀土元素，可以起到提高叶绿素的含量，增强抗旱能力、抑菌能力和抗病能力，加快生长等作用。

具体来看,在种子期,加入稀土元素拌种、浸种可促进种子萌发和生根发芽,其中小麦发芽率提高8%以上,出苗时间更早,根系活力也有所提高;植物扦插时,具有稀土元素的肥料可提高生根率;在植物叶面施用稀土元素,可提升叶绿素含量,光合作用更强。

稀土发光材料在LED产业的应用,对于农业也发挥着积极作用。中科稀土(长春)有限责任公司就致力于稀土发光材料及其LED光源和照明器件的研发及应用,其推出的植物生长灯可用于农业补光,6年实践应用数据显示,可平均增产20%以上,减少农药用量三分之一以上。

在畜牧养殖业中,稀土元素可以作为生理激活剂,使牛、羊、鱼、鸡等快速育肥、抵御疾病、增强品质。

不过需要注意,稀土在农业的应用也存在负面效应,过量使用稀土元素会对人体造成伤害。

6. 石油与稀土

"中东有石油,中国有稀土",而且石油化工行业应用到了稀土催化材料。

稀土元素本身就具有催化活性,也可作为添加剂或者助催化剂提高其他催化剂的催化性能,可用作各种无机和有机化学反应的催化剂。在石油化工行业,催化裂化是石油加工的重要过程,稀土催化材料可用于催化裂化精炼原油,提高轻质油的生产率。相关数据显示,石油直接蒸馏只能得到15%~20%的汽油,但是加入稀土催化裂化取得的汽油可以达到80%。

各类炼油催化剂中,稀土沸石分子筛催化剂是应用最广泛,具有活性高、选择性好、抗重金属中毒能力强的优点。20世纪60年代初,稀土分子筛催化剂成功应用于石油催化加工过程中,取得了良好的催化效果,与传统的无定形硅酸铝催化剂相比,稀土分子筛催化剂实现了汽油收率高、抗结焦能力强等。

目前石油裂化催化剂和机动车尾气净化催化剂是稀土催化材料用量最大的两个应用领域,其中中国石油裂化催化剂的应用已经达到世界先进水平。

7. 助力玻璃陶瓷性能最大化

玻璃陶瓷是稀土传统应用领域之一。在玻璃工业中稀土元素被用作光学玻璃添加剂、澄清剂、脱色剂、着色剂和抛光粉，起着其他元素不可替代的重要作用。

其中，在玻璃着色方面，稀土元素具有的独特电子结构和光谱性可以实现着色稳定、颜色鲜艳、透光性强的作用；抛光方面，氧化铈做抛光粉，可用于光学玻璃、眼镜片、显像管、示波管、平板玻璃、塑料及金属餐具的抛光，生产快速，质量也很高。

在陶瓷工业中，稀土元素可用于生产特种陶瓷，也可用于制作陶瓷颜色。具备特种功能的陶瓷，掺加一定的稀土元素后，可改善陶瓷的烧结性、致密度、强度，相应的功能也可显著提高。

> 另外稀土结合玻璃陶瓷、碳纤维还可制作防弹衣，这种产品不仅薄如蝉翼，以轻巧的体量为士兵大幅减轻装备的质量，便于携带更多的子弹，而且具有极高的贴身柔软性和超强韧性。

另外稀土结合玻璃陶瓷、碳纤维还可制作防弹衣，这种产品不仅薄如蝉翼，以轻巧的体量为士兵大幅减轻装备的质量，便于携带更多的子弹，而且具有极高的贴身柔软性和超强韧性，枪击或者刀刺都不易破裂，可以更好地保护穿戴者的生命安全。

清华大学化学系刘凯、张洪杰研究团队 2020 年时，还成功制备出具有高模量和高度可塑性的稀土蛋白生物纤维，实现了集轻质、高刚度和强度、生物安全性和光致发光等优势于一体，据说可用于新一代可穿戴高技术材料。

在上述终端应用领域，随着技术的不断突破，稀土元素应用广度和深度都有所提升。而随着下游应用的不断拓展，稀土已经被全球多个国家纳入战略资源储备，稀土全产业链价值将持续提升。

2.2 大国博弈中的稀土

2022年5月3日，美国贸易代表办公室宣布，上届政府4年前依据"301调查"（依据《1988年综合贸易与竞争法》第1301节~1310节的全部内容，俗称"301调查"），结果对中国输美商品加征关税的两项行动，分别于7月6日和8月23日结束，即日起将启动对相关行动的法定复审程序。

随后不久，美国总统拜登公开表态，美国政府正在讨论是否取消特朗普时期对华加征的关税。到6月5日，美国商务部长吉娜·雷蒙多在接受美国有线电视新闻网（CNN）采访时明确，美国总统拜登已经下令，要求美国商务部研究下调中国商品进口关税的问题，以抑制当前美国高企的通胀率，降低消费品价格。吉娜·雷蒙多表示，考虑取消家庭用品、自行车等产品的关税也许是明智之举，同时美国政府决定保留一些钢和铝的关税。

转眼间，自2018年3月开始的中美贸易摩擦，已经持续5年之久。2017年8月，特朗普指示美国贸易代表办公室对中国开展"301调查"，对美国认为是"不公平"的其他国家的贸易做法进行调查，以保护美国在国际贸易中的权利。2018年3月，根据"301调查"结果，中国被指控"存在强迫技术转让、窃取美国知识产权"等问题，特朗普据此对华加征关税。

此后，中美贸易摩擦从贸易战，延伸至科技、金融、地缘政治、外交等多个领域并全面升级，如打击华为和中芯国际等高科技企业的科技战，以遏制中国高科技产业发展；地缘政治方面，插手中国香港和中国台湾事务，挑起中国与周边国家的矛盾等。

对于美国发起的各种不公平行动，中国部分实施了反制行动，包括加征关税和要求关闭美国驻中国领事馆等。

如今，美国宣布将取消关税，对中国企业而言似乎是一个好消息。不过对于是否取消对华关税，美国内部意见有着较大分歧，短期内难有明确的指令。

另外，我们需要保持警惕，美国对华的各种动作，最根本的目的是遏制中国崛起、维持美国霸权，无论是特朗普、拜登，还是未来任何一届美国总统或者政党，这点不会改变，而中美贸易摩擦显然尚未到结束的时候。

把中美贸易摩擦看作一盆泼向中国的冷水，其实会让整个中国更加清醒地认识到与美国等西方国家在科技创新、高端制造、金融服务等领域的差距，避免因快速崛起而产生骄傲自满情绪，同时要更加坚定不移地推动新一轮改革开放。唯有保持定力，走向持续不断的强大，中华民族的伟大复兴才能实现。

回到每个产业，回到稀土，其实是一样的道理。

稀土的应用愈加广泛、价值愈加凸显，它的"身份"就会更复杂：它是产业变革的关键元素，是政治工具，又或者是一张王牌……中国已经慢慢走出稀土低价出口的"折腰期"，正站着争夺稀土在国际上的话语权和定价权，这个过程同样要有极强的战略定力。

> 稀土的应用愈加广泛、价值愈加凸显，它的"身份"就会更复杂：它是产业变革的关键元素，是政治工具，又或者是一张王牌……

1. 大国博弈的王牌

在大国博弈里，稀土是我们无法被撼动的王牌。美国可以封禁中兴、华为等，但绝不敢动稀土。

为了把这张王牌攥得更紧,中国已经将稀土定位为战略性资源。但是笔者必须强调,稀土对于中国并不"稀"。

> **在大国博弈里,稀土是我们无法被撼动的王牌。**

作为全球第二大经济体,飞机、高铁、汽车、电子产品等行业的应用需求巨大,中国真正依赖进口并受制于全球大宗商品的金属类品种是铁矿石、铜、钴、镍、锡等。

中国长期向国外购买"四朵金花",即铜、钴、镍、铁矿石。中国未锻造铜和铜制品进口量远大于出口量,2021年1—12月,中国未锻造铜和铜制品的进口总量为553万吨,比2020年创纪录的668万吨下降17.2%;未锻造铜以及制成品出口量为932 451吨,同比增长25%,高于2020年的744 457吨。进口增速下滑及出口增长,主要是受到国际铜价高位运行和节能减排政策的影响,但是进口需求自2021年下半年起持续增长。

钴进口量也远大于出口量。2021年中国锻轧钴及钴制品进口量为674.55吨,同比增长38.32%;锻轧钴及钴制品出口量为112.72吨,同比增长41.97%。全球钴主要生产国和地区有刚果(金)、俄罗斯、澳大利亚、菲律宾、古巴、加拿大、中国、马达加斯加、美国和南非。2020年上述十个国家钴产量总和占全球钴总产量的88.50%,其中中国钴产量占全球钴总产量的1.64%。2021年中国钴产量为2105吨,同比下降8.5%。

中国钴矿资源短缺,独立钴矿床很少,只占全国钴矿总储量的2%左右,绝大多数的钴矿资源来自伴生矿,主要伴生于铁、镍、铜等矿产中,伴生矿中钴资源探明储量占全国总储量的50%左右,并且大多数伴生矿品位较低,钴主要作为副产品加以回收。

镍方面,自2016年起中国镍产量逐年增加,2019年中国镍产量达12万吨,较2018年增加了1万吨,同比增长9.1%,2020年中国镍产量与2019年持平。2020年,印度尼西亚、菲律宾、俄罗斯、新喀里多尼亚(法属)、澳大利亚、加拿大、中国、巴西、古巴、多米尼加和美国十一个国家和地区镍产量占全球镍总产量的 87.40%，其中中国镍产量占全球镍总产量的 4.80%。镍是用途最广泛的金属之一，在电动化时代，全球生产和消费的量远高于以往，镍资源的战略重要性更加凸显。

2021 年，中国原生镍产量为 67.7 万吨，消费量达 154.2 万吨，同比增长 14%，全球原生镍消费量达 276 万吨，同比增长 15.9%。

铁矿石方面，2021 年，中国累计进口铁矿石 112 431.5 万吨，同比下降 3.9%，减少 4 519.0 万吨，但是进口额同比增加 3 385.2 亿元，增幅高达 39.6%，达到 1.2 万亿元，也是首次突破 1 万亿元。铁矿石价格的飙升，将让中国钢铁行业愈发被动。

在锡方面，中国倒是世界最大生产国，2020 年锡矿（以金属计）产量 9.4 万吨，占世界总产量的 33.4%。但是近年来中国锡矿（以金属计）产量整体呈下降趋势，从 2015 年 11 万吨下降至 2019 年 8.58 万吨，2021 年为 9.1 万吨。全球锡矿山 2021 年产量为 30 万吨，较 2020 年的 26.4 万吨增加 14%。

美国地质调查局 2015 年发布的数据显示，全球锡储量约 480 万吨。中国拥有 150 万吨，印尼 80 万吨，巴西 70 万吨，玻利维亚 40 万吨，澳大利亚 37 万吨。中国锡资源储量位居全球第一，云南、广西和湖南是中国最大的产锡基地，目前三个省（区）锡精矿产量合计约占全国总产量的 90%。但是由于锡金属期货挂牌交易指导价源自伦敦金属交易所（LME），所以锡金属国际话语权不在中国，同时中国还是依靠进口锡来满足国内工业发展之需。

以上的各种数据及资料分析不难看出，更多的稀散金属将面临枯竭，需要政府高度重视供求短缺，以及科学家广泛关注替代性。

而稀土在中国的储量很大，每年开采指标管控下，资源可利用几百甚至上千年。相对比其他稀贵稀散金属，稀土一点儿都不"稀"。

那么，为何偏偏是稀土产业引起如此大的话题，甚至还有一定的政治色彩呢？

究其原因不外乎有三点：一是稀土金属具备广泛的行业应用属性，号称"工业味精"，加上某些稀土金属价格昂贵，又称为"工业黄金"，特别是在国防工科产业的应用上稀土处于"不可或缺"的位置；二是在稀土采矿及冶炼环节国内曾经出现粗放式开发，导致遗留了大量的环保问题及盗采现象，国家出手进行行业整治后直接把稀土作为"战略金属"进行管控，导致高度依赖中国出口的美国、日本受到一定的供应影响；三是稀土下游高端应用技术方面，美国、日本两个大国几乎垄断了涉及稀土的磁、电、光三大类国际专利技术，使得中国在稀土产业链价值中只处于利润不高的资源开采及粗加工领域。

伴随着中国从稀土出口大国转变为稀土进口大国，稀土应用下游技术壁垒也需要突破，稀土产业链高质量发展仍面临诸多挑战。

此外，随着碳中和、碳达峰全球"双碳"目标的趋同，稀土产业也将在节能减排中承担更加重要的角色，例如风电电机、新能源汽车驱动电机等绿色环保产能转换中，稀土应用端将出现高速增长需求。

新一轮稀土下游应用类技术竞争将会出现全球化变革，究竟中国能否在稀土新材料产业中真正实现突围，实现高质量发展，将会成为"十四五"以后中国及中国企业发展的一个重要课题。

国际上，拜登上台后，注重通过拉拢盟国让制造业回流美国，或者在世界各地建设更多元的生产链条。尤其是在对中国高度依赖的稀土领域，在美国、日本的支持下，澳大利亚、加拿大，以及东南亚各国、非洲等国家和地区都在积极推进稀土项目，蒙古国也打算在稀土上与美国达成合作。

随着世界各地稀土项目的推进，中国必须加快应用端的技术创新布局，稳住稀

> 随着世界各地稀土项目的推进，中国必须加快应用端的技术创新布局，稳住稀土这张王牌。

土这张王牌。

2. 保卫战下，中国稀土价值提升

2022年3月，工信部稀土办公室（简称"稀土办公室"）约谈北方稀土、盛和资源、中国稀土集团等重点稀土企业。围绕稀土产品市场价格持续上涨的情况，稀土办公室要求有关企业要增强大局意识，加强行业自律，引导产品价格回归理性。

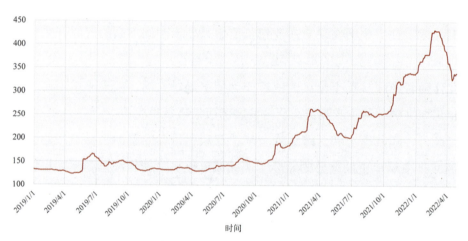

图2.1　稀土价格指数走势图（来源：中国稀土行业协会）

看似一个日常工作，却是中国稀土历史上少有的时光。

一方面，2021年开启的上涨行情，出现历史上最高的价格，而大部分时间里中国稀土是"廉价"的代名词；另一方面，中国稀土经历过四次上涨行情，前三次都是受到政策出台的影响，即国内稀土产业政策短期收紧。三次涨价都延续一二年，第一次从2010年开始，当时中国加强了稀土开采、出口配额、行业准入等方面的政策力度，并首次提出战略储备的意见；第二次在2013年，工信部组织开展稀土"打黑"行动，不少冶炼分离厂停产；第三次在2017年，"打黑"行动持续深入，政策愈发严格，稀土产品产量降低。

2017 年，却是实实在在的受需求拉动，受到下游新能源汽车、风力发电等应用景气度提升，致使稀土产品价格攀升。对于从业者而言，这意味着稀土的价值有望得以重估。

时间拨回到 2000—2010 年。国务院发布的《中国的稀土状况与政策》白皮书显示，这十年间，稀土价格仅上涨 2.5 倍，而黄金、铜、铁矿石价格同期则分别上涨 4.4、4.1、4.8 倍，稀土价格不仅没有体现出其稀缺性的价值，上涨的价格也不足以补偿其造成的生态环境损失。

造成这种局面的原因有很多，包括稀土行业早期低端粗放的发展模式，以私营企业为主，出口走私严重；产品低端，技术含量和附加值较低，高附加值的应用端专利在美日手中，中国稀土企业只有"蝇头小利"；而一旦稀土价格上涨，美日欧等国家联合起来拒绝购买，稀土企业为了生存压价竞争，循环往复。

稀土说是珍贵的战略性资源，中国却长期经历着资源被消耗、生态环境被破坏的损失，环境治理费用远高于稀土的收益。

推出萃取法助力中国稀土产业走向高速发展的"中国稀土之父"徐光宪深感痛心，他联合多位院士多次呼吁政府要重视对稀土资源的保护，才逐步进入了中国稀土保卫战时期。

2006 年，中国正式实施稀土开采总量控制管理，此后不断加大对稀土行业的监管力度，不过 2010 年以前稀土产品价格仍然没有得到很好的提升。

2010 年，中国出台了更为严格的出口配额制度后，终于引发稀土产品历史上第一次上涨行情。这时，长期靠着打压中国稀土价格，以低价买入的美日欧盟自然不肯接受，在 2012 年联合向 WTO 提起诉讼，称中国限制稀土出口违反了 WTO 的规则。各方利益博弈下，2014 年，WTO 裁定中国必须允许稀土材料自由出口。

中国以失败告终，但并非代表这是一场非正义的保卫战，相反更加让美日欧的"阴谋"浮于水面。笔者尝试梳理一下，为夺取中国稀土资源，美日做了什么。

其一，通过各种手段打压中国稀土价格。比如2000年左右营造"稀土供应过剩"的舆论环境，不断在世界各地"发现"稀土；中国企业涨价时，抱团拒绝购买；WTO诉讼也是手段之一。

其二，大量低价买入中国稀土进行储备。被称为"工业味精"的稀土，稍微使用一些就可以发挥巨大的作用，并不是大量消耗的资源，即使中国实施开采控制，依然可以满足每年全球消耗量。美国有丰富的稀土储量，出于保护环境的目的并不大规模开采，而且相较于从中国低价购入，成本高许多。日本虽然没有稀土资源，但是多年来持续进行大量储备，足以使用上百年。他们疯狂购入，不排除待中国稀土资源优势由强转弱后，再高价卖回。

其三，通过各种言论营造"中国掌控稀土资源会对他国造成威胁"的舆论环境，比如美国的军事安全在于中国的稀土；中国禁止向日本出口稀土等。事实上，中国在稀土领域始终保持对外开放的基本国策，出台各项政策的目的更多是希望实现保护资源和维持生态环境的平衡，并且坚决反对将稀土问题政治化。

其四，美国、日本等国家还通过投资等方式规避中国法律，参与稀土开采、冶炼分离等开发业务，以各种手段利用和掌控中国稀土资源。

美日这些行径，让中国稀土资源与其理应拥有的价值长期背离。

令人欣喜的是，近十几年，中国稀土步步为营，推动稀土产业整体迈入中高端，包括专利也收获了不错的成绩，可以说中国稀土的确让美日欧感受到了威胁，已在联合多方力量重建起他们的稀土产业链。

自2018年开始，因忧心中国断供或少供稀土，美日在全球发起对中国稀土的围猎。这一方面是指美日不断在世界各地布局新的稀土矿开采项目，并在中国周边的马来西亚、缅甸、越南等国家扎扎实实地布局了稀土产业，以跳出中国稀土版图。

另一方面是指应用上的摆脱。我们知道，过去10年美日的企业已经在稀土永磁的应用上做了布局和控制，以无数专利围堵中国企业。但是美日的企业还会做一点，就是绕着中国的优势点走，中国稀土材料越先进，美日的企业就研究不使用稀土的材料,去稀土化。

总的来说,美日的围猎,既是要摆脱中国稀土,也在下一盘替代的棋局。

现在中国稀土的"拳头"攥得很紧,但是在笔者看来,确实需要适当松开。我们的目的是建立起稀土作为国际大宗商品的定价权,单从这点看也需要满足海外企业、投行进场交易的条件,做到公平竞争。

2.3 中国稀土发展的 10 年

中国稀土产业近 70 年的发展，其间经历过无数次阵痛。

从村村冒烟、镇镇点火的粗放式发展，经过十多年的清理、整顿、整合，以时间换空间，并且没有因为整合和企业的阵痛耽误到产业的发展，当前坚不可摧的稀土全产业链已经建立。

单从市场规模上看，稀土产业很小，但确实是中国的优势产业之一。中国稀土资源不仅雄厚，而且分布合理。同时在政府严控开采和冶炼分离指标，以及产业集中度较高情况下，已经形成实质性的供给硬约束。当前中国冶炼分离产能约占全球 90%，处于垄断地位，稀土永磁产业也一骑绝尘，中国稀土全产业链价值必将重塑。

1. 北轻南重，中国稀土产业链最完善

根据中国稀土行业协会报告，目前 22 个省市区已经发现上千处的矿床及矿化点。具体包括内蒙古包头、江西赣南、湖南湘南、广西桂西南与桂东、广东粤北、四川凉山、云南楚雄和德宏、山东济宁、福建龙岩及三明等地的集中分布，辽宁凤城、山西、河南、湖北竹山、浙江、贵州、陕西、新疆拜城、黑龙江齐齐哈尔等地也有数量可观的稀土矿。

整体而言，我国稀土资源覆盖了北、南、东、西，不仅点多面广，矿点分布合理且相对集中，稀土元素也十分齐全，品位高。轻稀土主要分布在华北、华东与西南地区，大多可规模化工业性开采；中重稀土主要分布在华东和中南地区，由于重稀土矿赋存条件差、分布散、丰度低，规模化工业性开采难度相对较大。

由北至南，我们来看一些主要的稀土矿区。

首先是内蒙古包头白云鄂博矿山，这里的稀土储量位居全国第一，占比达到83%以上，同时这座矿山也是世界第一大稀土矿山，轻稀土储量世界第一，被称作"世界稀土之乡"。1927年，中国地质学家丁道衡在此发现丰富的矿产资源。1934年，何作霖教授在此发现稀土矿，多年发展下来，包头市已建设起国家级稀土高新技术产业开发区。2021年，生产稀土精矿53.8万吨。

白云鄂博矿山为铁、稀土、铌等多种矿物共生的矿床，以采铁为主，稀土矿来源于矿山开采矿石选铁后的尾矿，生产成本较单一稀土矿山更低，目前由包钢集团独家负责开采。其旗下稀土板块上市公司为北方稀土，可生产各类稀土产品11个大类、50余种、近千个规格。

其次是山东，稀土储量位居全国第二，占比8%，并已形成较为完整的稀土产业链。山东的微山县郗山稀土矿是国内三大轻稀土基地之一，探明储量约130万吨，是山东省内唯一开采的稀土矿山。

江西稀土则世界闻名，这里离子型中重稀土矿最为丰富，可以说是稀土中的稀土，十分珍贵，储量达230万吨。世界第一个离子型稀土矿就在号称"稀土王国"的赣州诞生。相较于其他省份，江西比较早开始利用稀土资源，稀土在当地经济发展中发挥了重要的作用，但是由于早期"黑稀土"猖獗，相应的对生态环境伤害较大，目前部分矿区已停止开采中重稀土。

四川稀土资源也十分丰富，稀土储量位居全国第三，占比3%。省内的冕宁牦牛坪稀土矿是世界第三大稀土矿山，稀土储量278万吨，而且稀土矿易采易选。相对于江西，四川稀土工业起步较晚，但是其丰富的资源将后劲更足。

了解完地理分布后，我们再看稀土产业链。稀土产业链由上至下涵盖开采、冶炼分离、金属冶炼、综合利用（包括二次利用）、储备（国家主导的资源储备）、销售流通（包括进出口）等多个环节。

所谓开采，是指以获取稀土矿产品为直接目的而进行的凿岩、爆破、冲采或者挖掘等工艺生产过程，开采出来后需要进行选矿；冶炼分离，指稀土矿产品经冶炼分离后生成各类单一或者混合稀土氧化物、盐类及其他化合物的过程，冶炼分离的方法包括离子交换法、分级结晶法、萃取法；金属冶炼，则是指以一种或者多种稀土氧化物为原料，采用熔盐电解法、金属热还原法或者其他方法制得金属的生产过程。

> 目前，中国已经形成完整的稀土产业链格局。其中开采和冶炼分离两个环节处于绝对领先的地位，稀土产品应用正在向中高端领域持续探索，是世界第一大稀土出口国和进口国。

目前，中国已经形成完整的稀土产业链格局。其中开采和冶炼分离两个环节处于绝对领先的地位，稀土产品应用正在向中高端领域持续探索，是世界第一大稀土出口国和进口国。

前文笔者提到了一些关于稀土资源的管理政策和立法，从总体思路来看，中国坚持的是源头管理。也因此在开采和冶炼分离两个环节建立的是总量指标管理制，中国稀有稀土股份有限公司（中铝集团旗下控股企业）、中国五矿集团（简称"中国五矿"）、北方稀土、南方稀土、厦门钨业和广东稀土六家稀土集团包揽全年开采、冶炼总量，再分发给下属企业。冶炼分离企业也可以在总量指标以外利用进口稀土产品进行冶炼分离，稀土头部企业之一盛和资源就布局了不少海外稀土矿区。

2021年，工信部和自然资源部下发的稀土开采和冶炼分离总量控制指标分别为16.8万吨和16.2万吨。其中北方稀土开采指标达10万吨，占比接近60%。

总量指标管理加上台账管理是中国稀土产业整合非常关键的动作。

台账管理即稀土产品的溯源，就像食品安全一样，中国稀土卖到哪里、卖给了谁一目了然；海外稀土进口了多少、国内稀土循环利用的情况等也都被详细掌握。如此一来，"黑稀土"就无处遁形。这种可视化、透明化的管理，真正带来了中国稀土产业的健康发展，不会再重蹈过去的乱局。

综合利用（应用加工）环节，由于核心专利长期在美国、日本手上，所以 2016 年以来中国持续向中高端应用领域探索，已有一定成绩，不过仍需要持续增强投入。稀土产业链中，应用加工环节是产值最高的一环，在技术研发创新方面国家必须高度重视，需要长期的资金投入。

笔者认为，未来稀土产业高质量发展的实现，既需要我们保持并持续强化已有的开采和冶炼分离两个环节的优势，还需要在严守生态环境安全红线下，不断实现关键核心技术的自主可控，改写"我们挣一块钱，别人（向美日支付专利费用）挣七八块钱"的局面。

2. 数数中国稀土产业链家底

稀土产业最主要的部分就是上游采矿及冶炼分离、中游稀土深加工和下游产业应用。从 2021 年中国对稀土开采指标管控按照 16.8 万吨数量来推算，稀土在上游采矿及冶炼产业价值最小，中游稀土深加工产业价值适中，下游产业应用价值辐射则达数千亿元。

目前部分涉稀土的上市公司及已经形成产业规模的有：北方稀土、五矿稀土、盛和资源、厦门钨业、广晟有色金属股份有限公司（简称"广晟有色"）、中国稀有稀土、赣州矿业集团、安泰科技股份有限公司、中科三环、包头天和磁材科技股份有限公司、宁波韵升、横店集团东磁股份有限公司（简称"横店东磁"）、正海磁材、金力永磁、英洛华、大地熊、京磁材料科技股份有限公司等。

整个稀土产业链规模产值不大，涉及上市公司仅有北方稀土市值超过千亿元大关（截至 2022 年 6 月 8 日，市值超 1 300 亿元），单个稀土冶炼分离项目的年产规模都在5 000吨以内，单个磁材生产规模都在8 000吨以内。稀土类上市公司从2020年开始，基本走出低谷，市值都在攀升，上市公司市盈率都在60倍左右，在中国资本市场属于极受关注板块及投资标的之一。

先来看上游采矿及冶炼分离环节，1988年，中国稀土产量就超过了美国，成为世界第一稀土生产国。在徐光宪串级萃取技术助力下，中国稀土冶炼分离水平全球领先并延续至今，控制着高纯单一稀土的全球市场。

2021年，六大稀土集团瓜分了工信部和自然资源部下达的指标，实现稀土矿产量16.8万吨，位居世界第一。其他稀土矿产量较多的国家有美国、缅甸、澳大利亚，产量分别为4.3万吨、2.6万吨及2.2万吨。

作为稀土储备和产出量最多的国家，中国近几年不断对稀土行业进行整治和改善。自2015年打击"黑稀土"产业链以来，"黑稀土"已完全退出历史舞台，当下国内严格管控开采、冶炼指标，且海外稀土供应接近满产，新项目进度较缓，稀土供应端短时间难以大幅提升，增量比较有限。

中游稀土深加工环节，以稀土功能材料为主，就是将开采出来的稀土精矿出售给磁性材料厂商进行深加工后得到稀土永磁材料，以及各种抛光材料、发光材料、催化材料等，最后根据不同稀土功能材料特性应用于不同下游领域。

其中稀土永磁材料目前已广泛运用于汽车、家用电器、工业电机、医疗、音响设备、消费电子等领域，是应用最广泛的品种。在稀土下游应用的各个领域中，稀土永磁材料也是发展速度最快，终端消费价值最高的板块，在新能源汽车拉动下，稀土永磁材料龙头企业价值重估在即。

根据上海金属网的数据，2021年，稀土下游消费结构中稀土永磁材料占比达到46%，带来的消费价值超过稀土终端应用的90%，而且磁应用仍在爆炸性增长，稀土永磁材料大有可为。

钕铁硼是第三代永磁材料的代表，其以更小的体积实现了更高的磁性能。不过，尽管我国已成为全球最大的稀土永磁材料生产国，但是目前高性能钕铁硼磁材研发技术主要由日本掌握，受到工艺技术和自动化程度、技术专利等方面的限制,中国钕铁硼厂商在较长时间内只能以生产中低端磁材为主。

从应用端看,中国的稀土永磁材料产品,还无法满足高端机器人、5G、光刻机等新兴产业对高端永磁体的技术需求,在整个稀土永磁材料的核心知识产权、最先进的制备技术及智能化装备等领域,与美国、日本等国家仍存在不小的差距。

2020年,中国钕铁硼磁材产量为19.62万吨,其中高性能磁材4.62万吨,占比为23.55%。整体来看,中国高性能磁材占比仅为20%左右,且高性能磁材产能集中在行业龙头手里。目前我国磁材厂商产能两极分化较严重,产能超过3 000吨的企业仅占到7.5%,1 500~3 000吨的企业占8.5%,其余84%的企业产能均在1 500吨以下。

> 尽管我国已成为全球最大的稀土永磁材料生产国,但是目前高性能钕铁硼磁材研发技术主要由日本掌握,受到工艺技术和自动化程度、技术专利等方面的限制,中国钕铁硼厂商在较长时间内只能以生产中低端磁材为主。

根据各稀土永磁上市公司统计,到2025年中国高性能钕铁硼磁材产能合计约为20万吨,未来产能利用率有望进一步提升,高性能磁材供给不断加大。

与此同时,以金力永磁等上市公司为代表的公司,都在积极布局高端技术领域,并注重生产成本的降低。

稀土应用端的技术专利和技术创新确实是我们的薄弱环节,是必须要去攻克的。

整体来看,稀土功能材料作为我国最具资源特色的关键战略材料之一,是支撑新一代信息技术、航空航天与现代武器装备、先进轨道交通、节能与新能源汽车、高性能医疗器械等高技术领域的核心

> 整体来看,稀土功能材料作为我国最具有资源特色的关键战略材料之一,是支撑新一代信息技术、航空航天与现代武器装备、先进轨道交通、节能与新能源汽车、高性能医疗器械等高技术领域的核心材料。

材料。

  同时以稀土功能材料为代表的稀土新材料已成为全球竞争的焦点之一。欧美和日本等发达国家和地区均将稀土元素列入"21世纪的战略元素",进行战略储备和重点研究。美国能源部制定的"关键材料战略"、日本文部科学省制定的"元素战略计划"、欧盟制定的"欧盟危急原材料计划"均将稀土元素列为重点研究领域。特别是,近年来美国重启稀土产业来获得可用于军事用途的稀土磁铁。

2.4 向稀土产业巅峰迈进

中国稀土走向今时今日的地位，成为一张有分量的王牌，几个关键的转折点发挥了至关重要的作用。

2015年，六大稀土集团基本完成整合任务后，开始全权承接中国稀土开采、冶炼分离和资源整合利用工作，这为中国稀土企业发展格局定下了基调，也是中国稀土产业正式迈向持续健康发展以及世界巅峰前的拐点。

不属于六大稀土集团的企业再无产能指标，也没办法获得采矿许可证、安全生产许可证等必要证件，或退出市场，或被整合进六家稀土集团。自此，稀土产业在市场集中度不断提升的过程中，以握拳之势挤压着非法开采、黑市交易、出口走私等违规行径的空间。同时受益于产能的把控，过往由产能分散导致的恶性竞争时代逐渐褪去，中国对稀土定价权的影响力也在振荡中上扬。

将资源集中分配给六大稀土集团，并以此管理稀土产业链，与管理学中的金字塔管理模式非常相像。

工信部是规划及管理稀土产业总体发展的核心部门之一，由其主导组建的中国五矿、中国铝业公司（简称"中铝集团"）、北方稀土（集团）高科技股份有限公司、厦门钨业、南方稀土、广东稀土共计六大稀土集团是中国稀土产业发展的第一层级。

工信部直接管理六大稀土集团，六大稀土集团又从稀土产业链的最上游引导和影响着下游和配套环节的发展。这种由上至下、层层递进的管理模式，看似简单，但是对于中国稀土长期存在的生产和交易秩序不规范问题有着很好的作用，而且权责足够直观分明。

当然，有部分人士会认为，政府的过分管理会影响市场作用。对此，笔者有不同看法。

国家政策的出台核心在于奖励和疏导，还有一把双刃剑般的存在就是管理，不合规的地方会管理、喊停、处罚，贴合政策方向的则会刺激、引导和奖励。对于稀土产业而言，六大稀土集团除了具备行政管控功能和引导作用，其实可以让政府更加贴近市场，过去企业的声音是需要一层层传达的，广东稀土跟广东省说话、广东省跟工信部说话，现在六大稀土集团可以直接跟工信部说话，由垂直式的管理变成扁平化的管理。这样，企业对于市场的感知可以更快地传达到工信部，是有利于政策调整和优化的。

另外六大稀土集团的组建，也并不代表中国政府对稀土的管控更为严格，这是一个健康的、积极的行为。笔者常说稀土的春天已经到来，而六大稀土集团，或者说最新的四大稀土集团将是吹响号角的存在。

1. 首支稀土国家队出场

下面，我们来分别认识六大稀土集团。需要注意的是，六大稀土集团并非只有稀土开采和冶炼分离业务，它们旗下普遍拥有着多家企业，覆盖稀土研究与应用等全产业链，主导着中国稀土行业，并负责海外稀土资源版图的扩张。

此外，本书中所提及的冶炼分离指标也并非代表着全年冶炼分离产能，因为它们还拥有进口稀土的冶炼分离部分。以2021年全球氧化镨钕供给数据来看，工信部的指标配额占比50%，回收占比26%，海外矿山占比24%。

1）北方稀土

按照 2021 年度稀土开采和冶炼分离总量控制指标，北方稀土一家独大，拥有 10 万吨轻稀土开采指标，占总指标的 59.52%（开采总指标为 16.8 万吨）；8.96 万吨冶炼分离指标，占总指标的 55.31%（冶炼分离总指标为 16.2 万吨）。

北方稀土的历史最早可追溯到 1961 年，前身是包钢 8861 稀土实验厂。前文提过中国稀土是"北轻南重"分布，北方稀土负责的范围就是内蒙古和甘肃全部稀土资源的开采、冶炼分离，拥有白云鄂博矿的独家开采权。约等于坐在"粮仓"上，主要生产轻稀土，包括各类稀土产品 11 个大类、50 余种、近千个规格，冶炼分离产能为 12 万吨每年。

包头钢铁（集团）有限责任公司旗下已拥有 49 家企业（官网数据），含两家上市公司，各企业分工明确。上市公司其一为北方稀土，业务覆盖稀土原料、稀土功能材料、稀土终端应用产品的生产和销售，2021 年实现营收 304.08 亿元，同比增长 38.83%；归母净利润 51.30 亿元，同比增长 462.32%。北方稀土是稀土行业中唯一一家市值过千亿的上市公司。

其二是包钢股份，主要向北方稀土供应稀土精矿，并有钢铁产品的生产和销售业务，2021 年实现营收 861.83 亿元，同比增长 45.42%；归母净利润 28.66 亿元，同比增长 606.09%。

除业务覆盖面广、区位优势明显，北方稀土还具备极强的研发实力，下属稀土科研院承担多项国家重点项目，为稀土产品提高附加值以及稀土的高效利用做出贡献。

2）南方稀土

2021 年，南方稀土拥有轻稀土开采指标约 3.40 万吨，中重稀土开采指标 8 500 吨，合计占总指标的 25.27%；冶炼分离指标约 2.83 万吨，占总指标的 17.45%，仅次于北方稀土。

南方稀土成立于 2015 年，由中国稀土集团控股，负责江西全部稀土资源、四川部分稀土资源的开采和冶炼分离，覆盖轻稀土和中重稀土。由于江西离子型稀土资源最为丰富，所以南方稀土掌握着中国一半以上的离子型稀土生产量和供应量。

据统计，南方稀土旗下拥有39家企业，业务覆盖稀土原矿开采、稀土冶炼分离、稀土综合回收利用、稀土精深加工应用、稀土应用研发和技术服务、稀土贸易六大板块。其中旗下的赣州稀有金属交易所，是经国务院部际联席会议办公室同意设立的全国首个集稀土、钨等稀有金属及其延伸产品的交易场所，也是赣州市政府重点打造的大宗商品交易平台。

3）中国稀有稀土

中国稀有稀土是中铝集团旗下负责稀土业务的平台，2021年拥有轻稀土开采指标1.46万吨，中重稀土开采指标2 500吨，合计占总指标约10.15%；冶炼分离指标约2.39万吨，占总指标的14.74%。

官网显示，中国稀有稀土前身为中国稀土开发公司，创立于1988年，目前负责山东、江苏、广西全部稀土资源和四川部分稀土资源的开采、冶炼分离，旗下拥有9家企业，业务覆盖全产业链。

4）厦门钨业

2021年，厦门钨业拥有中重稀土开采指标3 440吨，占总指标的2.05%，位居第四位；拥有稀土冶炼分离指标3 963吨，占总指标的2.45%。

与北方稀土一样，厦门钨业有着较为悠久的历史，前身是成立于1958年的福建省厦门氧化铝厂，目前厦门钨业旗下共计有35家企业。厦门钨业拥有的三大业务分别是钨钼、稀土和锂离子电池材料，其中稀土业务拥有福建部分稀土资源，以中重稀土为主要产品，已形成从稀土采选、冶炼分离到稀土深加工产品的完整产业链。2021年，厦门钨业实现营收318.52亿元，同比增长67.96%，其中稀土业务实现营收48.04亿元；归母净利润11.81亿元，同比增长92.24%。

5）广东稀土

2021 年，广东稀土拥有中重稀土开采指标 2 700 吨，占总指标的 1.60%；拥有稀土冶炼分离指标 1.06 万吨，占总指标的 6.54%。

广东稀土主要负责广东部分稀土资源的开采和冶炼分离，是广东省内唯一合法稀土采矿权人，目前旗下的 31 家企业均以中重稀土为主。广晟有色是广东稀土的唯一上市平台，具备 15 种稀土元素全分离能力，并在大力拓展稀土磁材业务。2021 年，广晟有色实现营收约 160.99 亿元，同比增长 54.34%；归母净利润 1.39 亿元，同比增长 167.01%。

"十四五"期间，广东省国资委的目标是做强、做优、做大省内稀土产业链，不断向价值链高端迈进，增强中高端稀土产品供给能力，广东稀土将肩负省内稀土产业发展重任。2021 年初，广晟资产经营有限公司还与梅州市人民政府签订战略合作框架协议，双方计划全面加强稀土产业合作，打造百亿稀土产业集群，包括围绕构建稀土全产业链的目标延链补链、成立大湾区（国家级）稀土产品交易平台、加强稀土新材料科技研发等。

6）五矿稀土集团

五矿稀土集团实际控制人已由中国五矿变更为中国稀土集团。2021 年，五矿稀土集团拥有中重稀土开采指标 2 010 吨，占总指标约 1.2%；拥有稀土冶炼分离指标 5 658 吨，占总指标的 3.49%。

五矿稀土集团负责云南和湖南全部稀土资源、广东和福建部分稀土资源的开采、冶炼分离，以中重稀土为主，目前旗下拥有 20 多家成员企业和研发平台。其中五矿稀土是五矿稀土集团的唯一稀土上市平台，主要从事中重稀土原矿加工与稀土氧化物等产品的生产、销售。

五矿稀土是国内最大的南方离子型稀土分离加工企业之一，能实现十五种单一高纯稀土元素的全分离。2021 年，五矿稀土实现营收 29.73 亿元，同比增长 79.50%；归母净利润 1.95 亿元，同比下滑 29.96%。

上述六大稀土集团基本掌握着中国99%以上的稀土资源。此外，盛和资源也从事着稀土矿山开采、冶炼分离及深加工业务，其控股股东是中国地质科学院矿产综合利用研究所。盛和资源没有自己的矿山，但是托管了四川和地矿业发展有限公司拥有的四川大陆槽稀土矿，并参股多家稀土企业，在四川和江西建设有稀土冶炼分离基地，产品涵盖轻稀土和中重稀土。同时盛和资源在境外有着丰富的稀土资源，参股境外多家稀土企业，包括美国MP公司、澳大利亚格陵兰公司、Peak Resources Limited等，美国芒廷帕斯稀土矿复产后，就由盛和资源包销到国内。

六大稀土集团出战后，中国稀土企业几乎全部打上了"国字号"，并在全球开展稀土资源的争夺战。

2. 面向未来10年，中国稀土集团挑起大梁

> 基于习主席的指示，各部委实施了三大动作：中国科学院稀土研究院在赣州成立，围绕稀土应用培育人才、落实科学研究；上海期货交易所、广州期货交易所正在研究酝酿推进稀土期货研究与落地；中国稀土集团有限公司在赣州成立，致力打造一流的稀土企业集团。

稀土开发利用的技术水平一直受到高度关注。2019年，习近平主席到赣州的金力永磁考察时特别强调，技术创新是企业的命根子，要加大科技创新工作力度，不断提高开发利用的技术水平。

基于习主席的指示，各部委实施了三大动作：中国科学院稀土研究院在赣州成立，围绕稀土应用培育人才、落实科学研究；上海期货交易所、广州期货交易所正在研究酝酿推进稀土期货研究与落地；中国稀土集团有限公司在赣州成立，致力打造一流的稀土企业集团。

前几年曾有业内人士表示，稀土行业进一步整合的可能性不大，市场已经足够

集中了。但时至今日，可以看到稀土行业整合仍在持续。中国稀土集团就整合了中铝集团、中国五矿、赣州稀土集团有限公司、中国钢研科技集团有限公司、有研科技集团有限公司共计五家企业，稀土行业集中度再度提升，格局生变。2021年12月22日，中国稀土集团有限公司注册成立（简称"中国稀土集团"）。

> 中国稀土集团就整合了中铝集团、中国五矿、赣州稀土集团有限公司、中国钢研科技集团有限公司、有研科技集团有限公司共计五家企业，稀土行业集中度再度提升，格局生变。2021年12月22日，中国稀土集团有限公司注册成立（简称"中国稀土集团"）。

组建后的中国稀土集团是属于国务院国资委直接监管的股权多元化中央企业，股权结构为：国务院国资委持有31.21%；中铝集团、中国五矿和赣州稀土集团有限公司分别持有20.33%；中国钢研科技集团有限公司、有研科技集团有限公司分别持有3.90%。

在笔者看来，中国稀土行业遗留的众多历史问题，以及当前多变复杂的国际环境、"双碳"目标实现的需要，将让稀土行业的整治愈发注重规范化和市场化，因为我们的目标始终是在国际上的话语权。随着行业集中度的持续提升，资源的整合，更有利于稀土产品的保供稳价，对于生态环境保护也很有益处。

中国稀土集团的成立，具备着多重的意义。其一，这是稀土行业由小而散、乱而弱的野蛮生长转向兼并重组、集约发展的开端，也是中国企业由高速度发展转向高质量发展的必然要求。

在过去，众多的稀土小企业通过低价倾销、低质保障、过度开采等手段妄图以劣币驱逐良币，进一步诱导国内稀土行业的相互竞争。对高精尖领域发挥重要作用的稀土材料因企业之间的竞争变得不再稀有，反而以低廉的价格出售。这带来了贸易秩序的紊乱，也对行业信心造成了打击，形成行业内的恶性循环。这就要求中国稀土行业逐步走向自主化、创新化的道路。稀土行业加工技术的创新、相关领域人才的培养、自主知识产权的保护都是走向高质量发展的重要手段。

目前中国稀土全球市场份额已经自 2010 年的高点下降了 40%，随着全球地缘政治的紧张带来的不确定性，各国也在逐步化解稀土及其附加产品的单一化进出口方案。

此外，小型企业与私人企业违法开采稀土的行为对土壤环境与水生态带来了严重的影响，稀土开发相关法律规定的进一步加强与落实也为企业带来了更高的成本投入。这意味着中国稀土行业走向集约化发展、高质量发展、绿色环保、淘汰落后产能是历史发展规律的必然要求。

其二，中国稀土集团的成立也将不断整合上下游行业的稀土需求。

通过利用高规格的技术与创新型人才，杜绝稀土行业曾经出现的乱开采、乱提取的行为，同时将减小稀土原材料价格的波动性与不确定性，从而为国内稀土行业的健康良性发展保驾护航，促进行业的行稳致远。

诚然，稀土行业由 2003 年至今的三次整合后，还未在真正意义上走上高质量发展道路。但资源技术的整合意味着新加工技术的诞生有了更多的可能，将相关产业人才整合到一起也能够加速老旧方法的替换。回顾历史，中国经过数十年来的高速发展成为了著名的世界工厂，多数的低端制造业在中国得以为世界服务，在这一过程中也创造了许多就业岗位。但如今，中国的人均 GDP 已经达到了 1.2 万美元，我们已经实现全面脱贫的历史性任务，这也意味着中国的产业必将有一天走向高质量的发展道路。

中国稀土集团的成立就是中国产业转型、迈向高质量发展的标志之一。

对于稀土行业，要达成这一目标就意味着需要向绿色环保、低能耗、低污染的新形象快速转型，改变中国过去由重工业带来的水污染、空气污染、土壤污染的面貌，着重打造一个绿色低碳的稀土行业。另外，中国政府在第七十五届联合国大会上许下庄严的承诺，我国的二氧化碳排放量力争于 2030 年前达到峰值，并且努力争取 2060 年前实现碳中和。这也要求国内稀土行业从业人员面貌上的根本转变，需要从过去粗犷式的乱排放走向绿色排放、循环利用的新处理。

对于企业而言，加快推进储量更少的中国南方离子型重稀土矿的新模式开发与新方法的利用，促进稀土行业的可持续性与创新性协同发展是重要的新方向。稀土集团的集约化将促进产业努力补齐自身短板，进一步强化自身长处，形成资源集中优势、协调统一优势，努力突破卡脖子问题，为推动产业的繁荣发展夯实基础。

其三，稀土产业的高质量发展也是实现高新技术领先、行业领先、真正掌握稀土及其附加产品定价权的必然要求。稀土企业的集约化发展、中国工业实力的发展，将有利于稀土相关行业基础科学的突破。

一方面，随着科研经费的不断投入，引入理论与计算化学、人工智能分析、神经网络分析等高科技含量的研究人员为深入研究稀土元素的基本物理化学性质、基本材料功能特性奠定基础，从而进一步提升稀土终端产品及其副产品的价值，为稀土行业贡献相关的理论知识与新型人才；另一方面，稀土行业将由质变引起量变，稀土元素的新提取工艺、新稀土元素制成的材料、新的技术会得到快速的发展。企业的集中化与集约化也使得研究人员相对于原来的小规模企业有更大的能力来解决稀土行业内的难点问题，并开展高新技术的开发与前瞻性研究，进一步提高资源转化率与能源利用率。

这将使得稀土行业不仅在勘探开发与分离冶炼、产业链孵化方面取得长足进步，在新型精深加工、物料处理设备等高端应用领域也有硕果，有利于破解困扰已久的产业链结构失衡、新技术和新方法开发滞后、领军人才不足、深加工领域的落后等制约稀土企业走向高质量发展的难题。更有利于提高稀土供应量、防止价格大规模波动的能力，进一步化解稀土产业链上下游之间存在的沟通难题，以握拳之势形成创新合力，向重点难题与痛点问题发起进攻，并加速稀土行业科技成果的相互借鉴与共同进步，使产业链合力迈上高质量发展的新台阶。

其四，中国稀土集团的成立将有利于稀土行业的均衡发展。

长期以来，中国轻稀土供应过剩，而重稀土又供应不足，发展是不平衡的。

市场集中度更高以后，产业的整合能力将实现提升，四大稀土集团足以合力来均衡、疏导轻稀土更多的应用，同时注意重稀土的缺口，协助工信部调整每年稀土开采和冶炼分离的指标，比如轻稀土少采一点，重稀土多采一点。

当然，国家队能否实现上述要求，是需要时间来验证的。

在笔者看来，这取决于以下几点：首先，国家队要促进稀土应用更适应于未来的数字经济时代。这需要回到应用端，比如适应老年化趋势和康养市场、适应智慧交通、适应"双碳"政策、适应人工智能时代，面向未来的应用市场，国家队要做很多的布局。

其次，国家队能否助推具备国际化大宗交易性质的稀土期货品种的上市。我们希望的国家队是运动员，而不是裁判员，推进稀土期货的上市，才能真正拿下稀土的定价权。

> 至于中国稀土集团的成立到底会带来什么影响？或许很多人认为这是国进民退。但是笔者希望不要把中国稀土集团的进场视为国进民退，它的进场应该是给民营企业起到协同的作用，把协同的大门打开，给稀土产业带进更多的阳光。

最后，至于中国稀土集团的成立到底会带来什么影响？或许很多人认为这是国进民退。但是笔者希望不要把中国稀土集团的进场视为国进民退，它的进场应该是给民营企业起到协同的作用，把协同的大门打开，给稀土产业带进更多的阳光。

这其实也是一个警示，即国家队的进场不是来整顿民营企业的。民营经济的作用不容置疑，民营企业对中国经济发展的贡献很大，中国是鼓励民营企业发展壮大的。所以，中国稀土集团作为国家稀土产业的主力军，我们希望它的进场是给更多的民营企业开绿灯，创造更多的合作机会，在未来稀土产业更广阔的应用空间里，起到辅导、拉动的作用。

绝对不是，国家队来了，民营企业就不能干了。

根据工信部和自然资源部下达的 2022 年第一批稀土开采、冶炼分离总量控制指标，中国稀土集团目前已经领了任务，获得了约 3.7 万吨开采指标，占第一批指标的 36.7%；冶炼分离获得约 3.5 万吨指标，占第一批指标的 36%。接下来，就是看表现了。

参考文献

[1] 中科三环. 配股说明书[EB/OL]. https://pdf.dfcfw.com/pdf/H2_AN202202101546132987_1.pdf?1644516462000.pdf. [2022-02-01].

[2] 工信部. 稀土行业发展规划（2016—2020年）[EB/OL]. http://www.gov.cn/xinwen/ 2016-10/18/content_5120998.htm. [2016-09-29].

[3] 稀土元素. 百度百科[DB/OL]. https://baike.baidu.com/item/%E7%A8%80%E5%9C%9F/1617162. [2023-08-28].

[4] 中国政府网. 中国的稀土状况与政策[EB/OL]. http://www.scio.gov.cn/zfbps/ndhf/2012/document/1175421/1175421_1.htm. [2012-06-20].

[5] 工信部.稀土管理条例（征求意见稿）[EB/OL]. https://wap.miit.gov.cn/gzcy/yjzj/art/2021/art_863f0f1671cf44b28e6ed8cb60eae7f6.html. [2021-01-15].

第 3 章
拥抱稀土产业的春天

■ **章节概要**

当前,制约中国稀土产业发展最突出的矛盾是供需关系的失衡。轻稀土供应过量,下游应用端研发也不足,重稀土供应短缺,现货资源紧张;稀土氧化物市场价格高涨时,上游供给端在增量有限的基础上叠加惜售行为,供需的矛盾更是加大。

为解决这一问题,中国稀土集团横空出世,我们大可以期待在市场集中度进一步提升下,国家队对稀土资源的整合和调节。

除此之外,国家队还有一个非常重要的任务:吹响春天的号角。

矛盾总是有的,但是不影响稀土产业春天的到来,并且将由此开启一个更为健康、持续、绿色的稀土产业生态。

判断一个产业是否迎来春天,有两个指标:一是行业利好政策不断,二是当下及未

> 判断一个产业是否迎来春天,有两个指标:一是行业利好政策不断,二是当下及未来发展前景足够可观。

> 产业在健康向好发展，叠加政策和资本市场的支持，毫无疑问，稀土产业的春天真的来了！

来发展前景足够可观。2016年年初，我在接受媒体采访时说过，稀土产业的春天不会来得那么快。当时是中国"十三五"规划的开局之年，但是稀土"黑产业链"的清理和整顿、稀土产业秩序的规范，都还需要时间。

如今，情况已然不同。

首先，通过过往10年国家各部委对稀土行业的整合，六大稀土集团掌握着国内全部的稀土资源并形成产业体系，中国稀土已经具备作为第一梯队引领世界的条件；其次，政策方面，中国接二连三地推出了多个利好政策，包括"双碳"目标、"十四五"规划、各省市的新材料政策等；再次，受益于全球更注重绿色低碳发展，新能源汽车、人工智能新兴战略产业的爆发，极大地拉动了钕铁硼产能的增长；最后，基于可观的市场前景，资本对稀土产业链的支持力度也在加大，比如，2020年7月大地熊在科创板上市募资净额5亿元、金力永磁2020年定增5亿元、广晟有色2021年定增近14亿元、宁波韵升2022年定增10.8亿元等融资事件相继进行。

产业在健康向好发展，叠加政策和资本市场的支持，毫无疑问，稀土产业的春天真的来了！

2020年以来，无论是价格端还是应用端稀土市场行情都在上扬，整个产业链蓬勃发展。并且不同于其他新兴产业，中国稀土产业已经有着较为成熟的技术和集中度颇高的市场格局，这为稀土产业链持续的爆发和价值重估奠定了扎实的基础。

另外长期以来，中国政府对于稀土资源的政策，除注重开发利用和保护外，同步积极引导稀土元素的技术研发和应用创新，尤其是在稀土功能新材料领域。"十四五"规

> 2020年以来，无论是价格端还是应用端稀土市场行情都在上扬，整个产业链蓬勃发展。并且不同于其他新兴产业，中国稀土产业已经有着较为成熟的技术和集中度颇高的市场格局，这为稀土产业链持续的爆发和价值重估奠定了扎实的基础。

划中，已经做好新一轮产业发展的统筹规划，其中围绕新材料关键技术攻克、应用市场培育和搭建进行规划，将带来新材料产业的繁荣发展，稀土功能新材料也将发挥更大作用。

伴随着下游新能源汽车、风电、节能家电、机器人等应用领域需求快速增长拉动，稀土应用市场整体活力和潜力不断释放。同时需求增长也带动着稀土化合物价格走高，工信部逐年提升开采指标，稀土企业生存在良好的营商环境中。

延伸到整个新材料产业，其实都受益于"双碳"目标、绿色环保的政策东风，在高科技领域逐一突破，下游需求空前旺盛。

作为高新技术的先导，越来越多的国家将新材料产业的发展作为国家重大战略决策，加速了整个产业的发展进程。

本章将从政策、"双碳"目标、新材料产业发展等角度讲述稀土迎来了天时、地利、人和的机遇期，以及爆发点在哪里。

3.1 稀土政策"持久战"

中国稀土由劣势转为优势、被动转为主动,是政府政策持续作战的成果。

在以串级萃取技术助力中国成为影响世界稀土的供应国后,徐光宪有了新的烦恼:珍贵的稀土资源以白菜价大批量地出口到国外,中国根本没有定价权。

造成这种局面我们有一定的责任。当时国内还没有意识到技术专利申请、知识产权保护的重要性,串级萃取法及"一步放大"技术应用后,徐光宪亲自开班教学,大量工人掌握了技术,稀土冶炼分离行业得以快速发展。而看到靠"土"也可以发家致富,不少私营企业通过招聘国企工人,掌握冶炼分离技术后,由此开展了稀土行业激烈的市场竞争,比拼低价倾销甚至是走私稀土精矿。

卖方竞争激烈、供过于求,妥妥让中国稀土供应格局变成了买方市场。

价格低时,美国、日本和欧洲等大量采购作为储备;价格高时,他们又联合起来拒绝购买,中国企业只得再度降价。珍贵资源流失,加上私挖滥采对于环境伤害极大,如此局面让徐光宪深感痛心,直言"中国稀土控制了世界,但是没有定价权"。

既然是供过于求,徐光宪自然也想从产量方向着手,呼吁政府保护稀土资源、保护生态环境,控制稀土产量。

2005—2006年，徐光宪联合师昌绪等14位院士，基于对白云鄂博矿的调研，撰写了《关于保护白云鄂博矿钍和稀土资源，避免黄河和包头受放射性污染的紧急呼吁》，两次向时任国务院总理温家宝上书。温家宝总理一直高度重视稀土的可持续发展，快速作了批示，中国由此开始限制稀土产量。

2009年，徐光宪又在香山科学会议上提议，要以10亿美元外汇储备建立稀土和钍的战略储备，借此控制稀土开采和冶炼分离总量。同时徐光宪建议政府重点支持几家企业来主导稀土产业发展，以加强对稀土产业的控制权。

这些提议高瞻远瞩，在日后政府颁发的稀土政策中都得到了体现。被称为"中国稀土之父"的徐光宪，无论是在开发利用还是在资源保护层面，都为国家战略资源捍卫和稀土行业做出了贡献。

回顾政府十几年来的稀土政策演变史，确实是先起于对稀土资源的保护和生态环境的保护，包括开采和冶炼总量控制、生产环节的规范、"黑产业链"打击、回收利用管理、战略储备、环境治理等，并不断调整和强化，延续至今。

先来看开采和冶炼总量控制方面，2006年，中国实施稀土开采总量控制管理，并基于六大稀土集团的整合，自2018年开始将指标集中下达给六大稀土集团，再分发到下属矿山企业，以严格控制开采、生产总量，降低资源开发强度。

这些总量控制指标并不是固定不变的，目前是由工信部和自然资源部根据实际需求每年分两批下达。比如，2013年以前每年开采总量为9.4万吨，2014—2017年为10.5万吨，2018年以后随着需求的增加逐年提高指标。目前已经披露的2022年第一批开采总量为10万吨，南方稀土、五矿集团、中国稀有稀土都归为中国稀土集团后，从2022年开始仅中国稀土集团、北方稀土、厦门钨业、广东稀土四大稀土集团拥有开采和冶炼分离指标。

生产环节的规范方面，包括2016年1月国务院发布的《关于加快推进重要产品追溯体系建设的意见》提出，加快推进稀土产品追溯体系建设，实现稀土产品从开采、冶炼分离到流通、出口全过程追溯管理；同年6月国务院又发布《稀土行业规范条件（2016年本）》，对稀土生产各环节做出规范。

"黑产业链"打击方面，由于这是稀土产量过剩的最大源头所在，所以在2015—2018年间，国务院以及工信部、商务部等多部委均出台了相关政策，对地方"黑稀土"产业链进行了严格打击。2019年1月，十二部委又发布了《关于持续加强稀土行业秩序整顿的通知》，持续推进稀土开采、生产、流通以及进出口秩序的规范有序。对稀土大集团的整合、国有化，也是希望以高集中度、透明化的市场手段，让"黑稀土"无处遁形。

回收利用管理方面，鉴于稀土是不可再生资源，回收利用是稀土资源保护的重要一环，同时也是部分企业获取稀土资源的重要渠道。当然"黑产业链"也会借力于此，因此政府在稀土回收利用管理方面有着严格的限制，2013年国土资源部曾组织过稀土资源回收利用全面清查活动。严格管控之下，政府倡导企业提升稀土回收利用水平。目前稀土回收利用已经形成一定规模，代表企业有赣州市恒源科技股份有限公司（简称"恒源科技"）、江苏华宏科技股份有限公司（简称"华宏科技"）、江苏广晟健发再生资源股份有限公司（简称"广晟健发"）等。

战略储备方面，2011年《国务院关于促进稀土行业持续健康发展的若干意见》出台，提及要进行稀土资源的国家战略储备，到2016年，中国稀土商业储备正式启动。2021年发布的《稀土管理条例（征求意见稿）》也将储备管理纳入其中，明确国家实行稀土资源地和稀土产品战略储备，收储的稀土产品应当纳入稀土冶炼分离总量指标，未经批准不得动用。

环境治理方面，由于轻稀土矿伴生的放射性元素对环境破坏力大，中重稀土开采会严重污染地表水、地下水和农田，所以在2011年国务院就下发《国务院关于促进稀土行业持续健康发展的若干意见》，把保护资源和环境、实现可持续发展摆在更加重要的位置。2012年发布的《中国的稀土状况与政策》白皮书，同样强调要对稀土资源实施更为严格的生态环境保护标准和保护性开采政策。像提高资源税等政策，同样是出于保护环境、保护资源的目的。

基于推进稀土资源保护，寻求产业与生态的可持续发展，国家同步拓展稀土下游应用，加快关键核心技术突破。

"十五"计划时，国家就宣布要积极发展稀土深加工产品，一直到现在的"十四五"规划，依然是在强调加强关键核心技术的创新应用。

2021年12月，工信部联合科技部、自然资源部印发的《"十四五"原材料工业发展规划》也指出，要重点围绕大飞机、航空发动机和能源产业等重点应用领域，重点攻克超高纯稀土金属及化合物、高性能稀土磁性、催化、光功能、储氢材料等一批关键材料，同时推动高丰度稀土元素平衡利用等技术产业化应用。

> 2021年12月，工信部联合科技部、自然资源部印发的《"十四五"原材料工业发展规划》也指出，要重点围绕大飞机、航空发动机和能源产业等重点应用领域，重点攻克超高纯稀土金属及化合物、高性能稀土磁性、催化、光功能、储氢材料等一批关键材料，同时推动高丰度稀土元素平衡利用等技术产业化应用。

国家制定的是大方向，最终落地还是要到地方。在地方稀土政策方面，即使资源分布有所差异，各地方政府近年的工作重点基本围绕在关键材料和关键技术的攻克上，目标是朝集群化、高端化和绿色化方向发展。

比如，中重稀土资源最丰富的江西，当地政府发布的《关于促进稀土产业高质量发展的实施意见》提出，到2023年，全省稀土产业创新发展能力、绿色发展能力等达到国内领先、国际一流水平，其中研发投入持续加大，目标新增2~3家国家级科研创新平台，新产品开发和新技术推广应用步伐加快，资源开发利用技术水平不断提高，以及推进中国赣州稀金谷成为在国内有地位、国际有影响的中重稀土创新中心和高新技术产业集聚区。

多年努力下，17种稀土元素应用日益广泛，已经在高科技产业发挥着重要作用。随着新能源汽车、风力发电、节能电机、人工智能等终端应用的飞速发展，稀土永磁材料等功能材料市场保持着较高的增长速度，支撑起了镨、钕、镝、铽等稀土元素的价格。

当前，中国对于稀土资源的管理愈加张弛有度，市场更加透明，并正在推进立法，以促进稀土行业持续健康发展，保护生态环境和资源安全。

《稀土管理条例（征求意见稿）》共29条，分别从稀土管理职责分工、投资项目核准制度、开采和冶炼分离总量指标管理制度、稀土行业全产业链管理、监督管理、明确法律责任共六个层面出发，切实维护国家利益和产业安全。这将是稀土产业的首次立法，对于违规行为也有明确处罚标准。

未来《稀土管理条例》正式施行后，稀土产业的经营将有坚实的法制基础，实现有法可依、有法必依。立法也体现出了稀土独特的战略价值和国际意义。

整体而言，以两个阶段看中国十几年来的稀土政策：第一阶段是站在资源保护和环境保护两大前提下实施的"整顿、清理、规范"，整顿村村点火镇镇冒烟的无序开采，清理"黑稀土"产业链，打源头端窝点，并通过开采和冶炼总量指标管理、台账管理（溯源管理）、建立六大稀土集团规范稀土产业的生产经营。

第二阶段，主旋律是推动稀土产业链的高质量发展，通过产业政策的引导，紧密贴合稀土下游应用领域的开发，如新能源汽车、消费电子等相关的"双碳"政策，以引导和奖励来推动稀土与下游应用研发的对接。

现阶段，亟待解决的问题是稀土开发利用的失衡，也即供需关系的失衡。这个问题随着中国稀土集团的成立会逐步地得到解决。

任何政策、任何指令的发布，都是希望让稀土产业链保持相对平稳的运行，并且注重贴近市场、服务市场，做到有序地配合市场。所谓贴近市场，指的是要根据市场的需求缺口来保障供给，不能老是"倒挂"。目前的开采和冶炼总量指标并不能很好地满足市场需求，处在市场跟着指标走的"倒挂"局面，未来重稀土的缺口要得到满足。

服务市场，指的是要形成健康有序的运行网络。稀土开采和冶炼总量控制指标不能是放开就松，收缩就紧。如果轻稀土过量，可以通过政策的引导和奖励加大研发，拓展应用空间，这才是服务市场。

另外，我们在建立稀土产业链的平稳运行过程中，基于数字经济时代，还可以建立数字化的管理链条。总量指标管理、台账管理之后，未来可以做更加完善的稀土流向管理，20万吨钕铁硼流到了哪几个厂，用量是多还是少，基于数字化的管理链条，可以一目了然。

产品全流程的监控，可以类比烟草的流通管理，把每一包烟草的流向和状态监控起来，以数据反哺上游，助力决策端调整策略，这在稀土产业链是可以做到的。

中国稀土政策，必然是一场持久战。我们的终极目标是拿下稀土的话语权、定价权，构建稀土产业可持续发展生态。

3.2 稀土的"双碳"机遇

天下苦美国霸权久矣。除了中国等发展中国家,欧洲各国同样对这位"老大哥"深感不满,其中之一便是其对石油的绝对控制。

众所周知,石油在国际市场上是以美元计价和结算的,任何国家买石油必须要用美元,这等于能源命脉把控在美国手上,平时"老大哥"咔咔印钞票还会对世界经济和国际金融产生巨大影响。而要想摆脱石油的美元霸权,关键在于发展替代石油的能源,包括太阳能、风能、海洋能等新能源。

不过,直接发展新能源来制约石油,必然会引起美国的反对。

于是欧洲各国想了一个法子,让"老大哥"一起来搞碳排放权,明面上可以制约中国这样的发展中国家的工业发展,暗地里必将助力新能源的快速崛起,一举两得。以保护地球环境之名,2015 年,197 个国家在巴黎召开的《联合国气候变化框架公约》缔约方会议第二十一届会议上通过了《巴黎协定》,以具有法律约束力的国际条约,共同致力于大幅减少全球温室气体排放,目标将 21 世纪全球气温升幅限制在 2℃ 以内,同时寻求将气温升幅进一步限制在 1.5℃ 以内的措施。

当时我国考虑到国际竞争的复杂和多变,为维护我国长期发展权益,种下了发展非化石能源的种子。

最近几年,大家已经扎实地感受到了中国新能源的快速发展:路上飞驰的新能源汽车和两轮电动车、连接城市的高铁、用于照明和屏幕显示的LED灯、风力发电……中国可再生能源开发利用规模已经位居世界首位。

有了底气之后，2021年10月24日，《中共中央国务院关于完整准确全面贯彻新发展理念做好碳达峰碳中和工作的意见》发布，代表着我国"双碳"目标工作的顶层设计正式架起，也是我国履行《联合国气候变化框架公约》及其《巴黎协定》的表现。

其中明确，到2025年，单位国内生产总值二氧化碳排放比2020年下降18%，非化石能源消费比重达到20%左右，为实现碳达峰、碳中和奠定坚实基础。

到2030年，单位国内生产总值二氧化碳排放比2005年下降65%以上；非化石能源消费比重达到25%左右，风电、太阳能发电总装机容量达到12亿千瓦以上，二氧化碳排放量达到峰值并实现稳中有降，即实现碳达峰目标。

到2060年，非化石能源消费比重达到80%以上，碳中和目标顺利实现。

这个政策意味着，至少未来40年，所有产业都将围绕着"双碳"目标重构，并形成新的产业格局。同时，这将是中国乃至欧洲各国摆脱美国石油霸权的关键转折点，也是中国依托"一带一路"发展成为能源供给中心的开端。

"双碳"目标无疑是激动人心的，带来的变化也是巨大的。那么，"双碳"目标之于稀土产业，能产生怎样的效应？

首先我们要明确，"双碳"核心是减排和绿色。如何做到？一是产能的疏导，环境污染高、碳排放高的电力、建材、化工、钢铁、造纸、水泥等产业要实施节能技术改造，稀土脱硫脱硝催化将成为重要工艺。

二是低碳出行，"蔚小理"的诞生、互联网巨头的跨界、传统车企的转型，都在推动着新能源汽车的应用与普及，这里面又拉动了稀土永磁电机的需求。

因此，"双碳"之于稀土，肯定会产生机遇，而且是不可估量的机遇。稀土元素具备的优异性能使其应用范围十分广泛，而中国优先发展的可再生能源、非化石能源涉及的终端领域，包括新能源汽车、高铁、氢能汽车、变频空调、节能电梯等均是稀土元素主要的应用领域，且具备着不可替代的优势。这些

> "双碳"之于稀土，肯定会产生机遇，而且是不可估量的机遇。稀土元素具备的优异性能使其应用范围十分广泛，而中国优先发展的可再生能源、非化石能源涉及的终端领域，包括新能源汽车、高铁、氢能汽车、变频空调、节能电梯等均是稀土元素主要的应用领域，且具备着不可替代的优势。

产业的蓬勃发展必然带来对稀土需求的攀升。

以高性能稀土永磁材料来看，这是清洁能源和节能环保领域必不可少的核心材料，可以大幅降低各类电机的耗电量。工业电机往往是耗电量最大的板块，占整个社会用电量的60%，占整个工业用电量的70%，以稀土永磁材料，即钕铁硼稀土永磁材料生产的永磁电机可节省20%以上的耗电量，对于国家实现节能减排和"双碳"目标意义重大，属于国家重点新材料和高新技术产品。

这里对"双碳"目标会落到的几个终端领域作些介绍。

1. 新能源汽车

新能源汽车产业的发展对于"双碳"目标的实现起着重要的作用，是稀土应用最具前景的产业之一。2020年，全球高性能钕铁硼需求就主要集中在汽车领域，包括新能源汽车中的永磁电机，还有传统汽车中的EPS和微电机，合计占比高达42%。

当前，新能源汽车已经处在井喷式发展的阶段，2021年全球出货量达650万台。"双碳"目标下，出货量必将保持快速增长，对于稀土磁材的需求也将加速，已经成为主要增长点，稀土氧化物中的氧化镨、氧化钕、氧化镨钕、镨钕金属等产品已经出现一定的供应缺口。

据中金公司研究部测算，按照2025年全球新增约2089万辆新能源车测算，对于磁材的拉动有望达到7.3万吨，折合镨钕氧化物的需求为2.3万吨，5年年均增速为45%，这意味着稀土永磁材料市场将迎来成长的黄金时期。

2. 人工智能、物联网

人工智能、物联网是当代前沿技术，应用范围覆盖生产制造、智能安防、数据传输、智慧医疗等多个产业，并带动各种设备的产业化和规模化应用。这里面涉及的微电机、传感器、摄像模组、微电声喇叭等都与稀土有关，相关数据显示，至少会涉及稀土永磁产品达2 000多门类，折合稀土永磁用量全年增加8 000~10 000吨。

人工智能在机器人产业的应用，对于稀土永磁需求更大，包括工业机器人、伺服电机、机器臂、无人驾驶车辆等，稀土永磁都在其中扮演着不可或缺的角色。

以实体经济中的康养产业来看，随着老龄化社会的到来，除需要相关的专业人才，人工智能也将发挥重要作用。其一是在线监测服务，如手环等智能穿戴产品、老年人日常健康监测软硬件、高端医疗设备下沉到社区康养等；其二是人工智能呼叫中心，让更多老年人获得精准医疗；其三是治未病及康养管理，可以衍生出各类APP，以及形成大数据等。在日常生活中，以人工智能终端形成对人们日常生活状态的监测，后台服务数据系统对健康状态进行反馈及指引，再通过医技平台及社区康养网络化资源的有效配对，对人们的健康生活及疾病防护形成体系化一张网，改变人类医疗和康养的现状与格局。这些变革和应用，将带来大量的微电机、传感器，以及消费电子中涉及稀土应用的微型扬声器和致动器等需求。随着全球各经济体愈发重视绿色环保和低碳经济，稀土将在人工智能、物联网领域发挥更大作用。

3. 风力发电、节能电机等

"双碳"目标下，可再生能源更受重视，"十四五"期间也将建设清洁低碳、安全高效的能源体系，低排放甚至是零排放的非化石能源应用将大幅提高，全球风力发电装机有望持续高增长。

相较双馈感应式发电机，装配高性能钕铁硼永磁材料的永磁风力涡轮机结构通常较简单、运行维护成本较低、使用寿命较长、并网性能较好且发电效率较高，在低风速环境下运行的效率更高。根据弗若斯特沙利文的报告，到2025年，预期全球风电新增发电装机容量将达到约112.2吉瓦，高性能钕铁硼材料消耗量将达到约1.96万吨。

包括变频空调、节能电梯的应用，也将在"双碳"目标影响下迎来应用潮。《房间空气调节器能效限定值及能效等级》（GB 21455—2019）在2020年7月1日已经正式实施，定频空调产品全面淘汰，高效能的变频空调成为市场主流，而高性能钕铁硼磁钢作为变频空调压缩机核心材料，未来需求将大幅增长。按照变频空调单机100克的钕铁硼需求，2021年预计全球变频空调产量1.53亿台，需求钕铁硼1.5万吨，对应镨钕氧化物需求5 016吨，增速23%。另外节能电梯按照75%直驱电机渗透率，单机需求6千克钕铁硼测算，2025年预计全球新增产量294万台，需求钕铁硼1.3万吨，对应镨钕氧化物需求4 341吨，增速15%。

4. 轨道交通

我国高铁运营里程位居全球第一，这里面也有稀土的贡献，而且发挥了关键作用。永磁同步牵引电机是轨道交通的核心技术，也可以用在地铁和城际动车上，稀土永磁材料则是永磁同步牵引电机的关键材料。中信证券预测，叠加"双碳"政策的强力支撑，预计2030年全球高性能钕铁硼需求量将达

36万吨以上。

当下，全球都在大力发展绿色低碳节能产业，鼓励和支持非化石能源、清洁能源的应用，高性能稀土永磁材料面向的新能源汽车、风力发电、节能电梯、机器人等新兴产业正在快速发展。

"双碳"目标下，将改变稀土产业应用格局。

终端应用中，永磁材料应用空间将完全打开，2021年中国稀土永磁体出口48 765.6吨，同比增长35.5%，出口量首次突破4万吨，创历史纪录。同时对于其他稀土元素，其应用领域也将在持续的研究中发挥出价值，有利于稀土元素应用范围的持续扩大。

> 终端应用中，永磁材料应用空间将完全打开，2021年中国稀土永磁体出口48 765.6吨，同比增长35.5%，出口量首次突破4万吨，创历史纪录。

当然，机遇之外，必有挑战。"双碳"目标在短期内会大幅提升企业生产和经营的成本，粗放式的生产模式会逐渐被排除，这也要求稀土开采、冶炼分离企业在生产过程中更加注重环境保护和资源利用效率提升，并且伴随着更加严格的管控。

另外从整个稀土产业链来看，还有两个需要注意的问题：第一要防止资本对上游材料的过热投资。资本应该流向应用端、"双碳"的需求端，下游的资本比上游的多才有利于产业的健康发展。

过往几年，上游稀土金属厂商基本已经做过密集的投资，未来3~5年稀土金属产品大概率是过剩的，当下要围绕节能减排，拉动下游应用等比例的增长，如风力发电里电机的轻量化、高效化的升级与迭代。如果上游的资本过多，而下游市场的需求没有跟上，很容易形成堰塞湖，整个产业都有可能被冲垮。

第二，整个稀土产业要快速适应以数据为传导的数字经济社会，无论是智慧交通、智慧家电、智慧医疗、智慧城市治理，还是所有可能的扑面而来的变化、产业的爆发，我们都要做好准备，组好前瞻性的布局。"双碳"目标最终是要落到终端应用的，稀土产业在里面能发挥什么样的作用，以怎样的形态承接，都需要提前思考和准备，因为很多新兴产业的爆发，都是非常突然而迅猛的。

3.3　中国新材料产业发展

大国博弈并不只在政治外交，还在细微且具体的材料板块。

一代材料将会带来一批伟大企业的诞生，国防工科、高铁等轨道交通、航空航天的高质量发展也离不开材料的先进性。可以说，材料是大国博弈中最基础的存在，对于中国的战略意义也非常重要，因为我们目前在国际上可以领跑的产业，就是材料。

> 一代材料将会带来一批伟大企业的诞生，国防工科、高铁等轨道交通、航空航天的高质量发展也离不开材料的先进性。

先来认识什么是材料。材料，指的是用于制造物品、建筑、器件或其他产品的原料，如铁、铜、铝、水泥、塑料等，是人类生存和发展的物质基础，也是驱动人类文明进程的重要力量。比如，冶金术让人类进入了青铜器时代，半导体材料让人类进入了信息时代。

新材料，则是指最新出现和正在发展的材料。从定义上来说，有优异性能的结构材料和有特殊性质的功能材料，以及传统材料改进后性能明显提高或产生新功能的，都是新材料。

由于涉及面广、领域宽泛，且各个材料之间关系不大，新材料通常划分为13大类，包括先进钢铁材料、先进有色金属、新型高分子材料、稀土功能材料、战略前沿材料、新型显示材料、绿色能源材料、新一代生物医用材料、高性能离膜材料、高品质高温合金、高性能陶瓷与玻璃、高性能纤维与先进复合材料、先进微电子光电子材料。这些类别会根据产业的发展、技术的进步等不断变化，并未形成完全明确的分类。

在多个应用领域，新材料有着"点金术"的作用。有了微电子光电子材料与器件的出现才有现代信息技术，纳米材料的出现使得生物医疗技术大幅提高，超导材料让能源技术进入了一个新的发展阶段，碳纤维、高温合金等材料也支撑着航空航天技术的发展。

可以说，新材料对于各产业发展意义重大，甚至起到关键突破和转折的作用。

1. 当代产业发展的支柱

20 世纪 70 年代，人们就把信息、材料和能源看作当代文明的三大支柱。到 80 年代，又把信息技术、新材料和生物技术作为新技术革命的重要标志。再到 21 世纪，以计算机和网络为代表的信息技术、以基因工程为代表的生命科学和生物技术、以纳米材料为代表的新材料技术成为了影响世界发展的三大关键技术，其中信息技术和新材料又构成了中国制造业的两大"底盘技术"。

由国防工业出版社出版的《新材料概论》一书中提及，任何重要的新材料得到广泛应用，都会给人类生活、国家安全乃至整个经济和社会带来重大影响，并将形成新的产业。对于新材料的研究、开发与应用也就成为衡量一个国家科技创新、工业水平和国防实力的关键指标，同时也是限制国家经济增长的重要因素。

当前，工业 4.0 的大背景下，受益于各国宏观政策引导力度较大，全球新材料发展迅速，研究与开发持续深入，应用领域不断突破。根据赛迪顾问数据，全球新材料产业规模已从 2015 年的 1.88 万亿美元增长至 2020 年的近 3 万亿美元，预计 2025 年将突破 5 万亿美元。

不过各国在新材料产业发展上存在着较大差距。《安徽省"十四五"新材料产业发展规划》中显示，全球新材料产业呈现三级梯队竞争格局。其中，第一梯队是美国、日本及欧洲等发达国家，在研发能力、核心技术高端产品市场占有率等方面占据绝对优势，是新材料产业的创新主体，多数产品坐拥全球市场的垄断地位。

发达国家在 20 世纪就注意到新材料在工业发展中的作用，并推出了相关的政策规划和扶持计划。比如，美国在 20 世纪末就先后发布了《先进技术计划（ATP）》《先进技术与工艺技术计划（AMPP）》《光伏建筑物计划》《先进汽车材料计划》等政策，2001 年发布了《国家纳米技术计划（NNI）》，涉及能源、医疗、通信、建筑、交通等领域。目前美国已经在新材料全领域位于世界前列，并围绕在全球新材料产业保持全球领导地位的目标制定发展政策。

日本的新材料产业发展仅次于美国，在纳米材料、电子信息材料等领域具备领先优势。日本新材料发展整体规划注重实用性，以及环境和资源的协调发展，重点发展领域包括新能源材料、节能环保材料、信息材料、纳米材料等。

> **日本的新材料产业发展仅次于美国，在纳米材料、电子信息材料等领域具备领先优势。**

欧盟在新材料产业的政策注重保障能源安全、提高资源利用和促进大众健康，重点布局催化剂、光学和光电材料、纳米生物技术、复合材料、超导体、生物医学材料、石墨烯等领域。

第二梯队是韩国、中国等国家，正处于快速发展时期，其中韩国在显示材料、储存材料等领域具备优势。第三梯队是巴西、印度等国家，处于奋力追赶阶段。

重点来看中国新材料产业发展。经过多年发展以及在多个五年计划带动下，中国新材料产业已经实现长足发展，创新成果、龙头企业、领军人才不断涌现和成长，在某些板块已经实现领跑，产业总值持续攀升。

以产业规模来看，中国新材料布局十分广泛，覆盖有色金属、稀土金属、重点来看中国新材料产业发展。经过多年发展以及在多个五年计划带动下，中国新材料产业已经实现长足发展，创新成果、龙头企业、领军人才不断涌现和成长，在某些板块已经实现领跑，产业总值持续攀升。

水泥、玻璃、化学纤维、先进储能材料、纳米材料、光伏材料、有机硅、超硬材料等多个门类，几乎所有的新材料都能实现生产，同时有着最为旺盛的下游市场需求，2020年新材料总产值超过5万亿元，支撑着国民经济发展和国防科技工业建设。

以地理分布看，中国新材料产业呈现集群式发展模式，以环渤海、长三角和珠三角为核心，各区域布局的产业种类存在差异，呈现多元化发展和优势互补局面。其中，环渤海地区聚集航空航天、新能源、电子信息、新型化工材料等产业，长三角地区聚集稀土功能材料、高技术陶瓷、膜材料、磁性材料、硅材料、特种纤维材料等产业，珠三角地区则以电子信息材料、生物医药、改性工程塑料、新能源材料、特种陶瓷材料等分布最为密集。

以创新能力看，在持续的研发、应用积累下，中国新材料产业创新能力得以不断增强，其中第三代半导体材料正在靠近国际先进水平。

当然，中国新材料产业由于起步较晚、底子薄，也存在不少问题。

中国工程院院士、中国工程院原副院长干勇指出，尽管我国材料产业已经进入世界大国行列，但是新材料发展还存在一些挑战，其中有三个能力不足，即支撑保障力较弱、引领发展能力不足、绿色制造

中国工程院院士、中国工程院原副院长干勇指出，尽管我国材料产业已经进入世界大国行列，但是新材料发展还存在一些挑战，其中有三个能力不足，即支撑保障力较弱、引领发展能力不足、绿色制造能力不强，关键材料需求中有32%国内完全空白，而且这些关键材料是关系到国家命脉的。

能力不强，关键材料需求中有32%国内完全空白，而且这些关键材料是关系到国家命脉的。

目前在新材料领域，中国有四大类瓶颈：一类是芯片制造中的光刻机和封装技术，涉及光敏聚酰亚胺（PSPI）等材料；一类是大功率的航空航天发电机，并包括涡轮叶片、高温钢等特殊材料；一类是芳纶，芳纶市场进入门槛很高，中国约80%依赖进口；一类是纳米材料和碳纤维材料。

除研发和制造能力上的不足，我国材料产业还存在资源消耗大、生产能耗高、环境污染严重、核心技术缺乏、高端人才较少等问题。

《中国制造2025》中指出，核心基础零部件（元器件）、先进基础工艺、关键基础材料和产业技术基础等工业基础能力薄弱，是制约我国制造业创新发展和质量提升的症结所在。

以现阶段各产业发展的需求来看，新材料产业带动力巨大，因此全面突破核心技术的时代已经到来，必须要解决"卡脖子"的问题。而中国如果要从第二梯队上到第一梯队，首要问题也是要补齐短板，解决痛点。

2. 中国正在向材料强国挺进

新材料是实现产业结构优化升级、壮大新兴战略性产业、提升装备制造业的保证，是构筑产业核心竞争力的根本。世界各国均将新材料作为回归实体经济的关键，让整个新材料产业十分活跃。

对于中国而言，新材料具有战略性、基础性、先导性、颠覆性，是制造业强国建设三大基础要素之一，另外两个是新型信息技术、制造业技术创新体系。

中国已经是材料大国，接下来要往材料强国方向去追赶，新材料肩负重担。

《新材料产业发展指南》明确，加快发展新材料，对推动技术创新、支撑产业升级、建设制造强国具有重要战略意义。而且中国经济已经由高速度发展转向高质量发展阶段，以国内大循环为主体、国内国际双循环相互促进的新发展格局加快构建，在这个过程新材料将发挥关键作用，对于各产业的高质、高效发展具有现实意义。

干勇院士介绍："国家重大战略需求依赖于关键材料技术及产业的突破，这给新材料产业的发展带来了难得的历史机遇。"

目前中国新材料有两大任务：第一个是要抢占未来发展的制高点，一代材料催生一代技术、一代工程；第二个是对原有的基础材料转方式、调结构，提升传统材料的质量水平。这要求政府和企业必须加大基础专用材料研发力度，提高专用材料自给保障能力和制备技术水平，同时针对性地重点推进共性基础类和集成应用类新材料的发展，迎接核心技术突破的材料新时代。

以稀土功能材料来看，其在电子信息、国防军工、高端装备制造等战略性新兴产业中发挥着核心技术作用，美国"爱国者"导弹、"猛禽"战斗机、"艾布拉姆斯"坦克等关键国防军工装备都应用了稀土永磁材料。永磁产业中的调速、电机、弹簧、齿轮、轴承等都是千亿元到万亿元的市场规模，加快磁产业技术的创新，实现工业的绿色发展，利用好珍贵的稀土资源已是当务之急。

再比如21世纪新材料的代表纳米材料，凭借物理性能、化学性能以及力学性能等方面表现独特，纳米材料可广泛应用于光学、医疗、半导体、通信等多个领域，潜力巨大，早已成为各国抢占的高地之一，纷纷投入巨资进行战略布局。中国虽然在该领域与国外几乎同时起步，但是不少纳米材料企业技术水平还是相当落后的，在高附加值纳米材料领域还没有具备产业化的条件，这是需要加快去追赶的。《新材料概论》中预测，从历史的角度看，20世纪70年代重视微米科技的国家如今都已成为发达国家，当今重视发展纳米技术的国家很可能在21世纪成为先进国家。这是严峻挑战，也将是难得的机遇。

对于新材料，中国其实已经有着明确的目标。即到2025年，70%的核心基础零部件、关键基础材料实现自主保障，80种标志性先进工艺得到推广应用，并全面推行绿色制造。这些目标的实现，离不开需求驱动，上下游协作配合，需要从政策上进行大方向指路和具体的支持，也需要企业加强创新研发力度，举全国之力，把原来被卡脖子的、落后的部分提上来。

工信部发布《"十四五"原材料工业发展规划》后，各省市也相继发布了当地的计划，明确任务部署、行动原则和主要目标等。以湖南省政府印发的《湖南省"十四五"战略性新兴产业发展规划》来看，当地将在新材料领域推进新材料融入高端制造供应链，加快新材料配套攻关，增强产业链自主可控能力。

笔者在 2022 年 5 月参加过第十届全球湘商大会，看到了非常开放的湖南。当地招商力度大、营商环境好，而且中南大学在新材料的研发、有色工业的冶炼等研究方向的实力相当不错。深圳盛和岭南投资有限公司主要涉足人工智能、新材料等领域，湖南省毗邻广东省，高铁直达，高速多条，交通十分方便，是新材料理想的 2 小时经济圈产业配套。

相关行业数据显示，2021 年我国新材料总产值超 7 万亿元，预计 2025 年总产值将实现 10 万亿元关口突破。新一代信息技术、航空航天、高端电力、海洋工程、节能环保、新能源等领域的发展，都为新材料产业提供了广阔的市场空间。其中轻量化材料、节能环保材料、航空航天材料、半导体材料、先进轨道交通材料、节能与新能源汽车材料、电力装备材料等几个新材料发展方向将迎来爆发节点。

相应地，随着下游应用领域的快速发展，也对新材料的质量、性能、保障能力等提出更高要求，研发难度到达新的高点。干勇院士认为，新材料产业应该坚持走深层次自主创新发展道路，鼓励新材料企业探索布局其他国家没有发展和形成的技术，走出属于自己的路；与此同时创造出新的需求，以全新的技术满足特有的需求，形成中国真正的核心竞争优势。

"十四五"时期，稀土产业也有自己的成长路径，笔者认为会有三个发力点：第一个发力点是模组化的继续发展，将稀土功能材料的组合模组化，直接连接应用端，包括图像模组、核磁共振模组、信息模组等，甚至是基于人工智能产业的需求做成稀土功能材料模组化产业，形成集群式的发展。

第二个发力点是新能源汽车的多元化和深度发展。中国新能源汽车产业已经走在世界的前沿，基于庞大的人口和市场，即使是特斯拉也无法撼动并超越中国新能源汽车产业。那么，在新能源汽车产业上，除了常规的家用车、民用车，中国可以持续拓展重卡等货车、国防工科等特殊车辆，以及无人驾驶等领域。

第三个发力点是三屏交互。三屏包括 iPad、笔记本、智能手机的个人终端屏，以及汽车屏、办公的智慧大屏，这些屏的应用会助推显示技术的迭代，并由此产生材料的迭代，催生很多我们想象不到的发展，就像可穿戴设备的发展那样。

中国已经在冶炼分离环节、稀土产量、钕铁硼产能等方面实现领跑，这三个发力点的结合发展，将是属于中国稀土新材料的决胜局。

3.4 中国新材料产业城机会

中国经济之所以能够长期保持相对平稳、健康的发展，与独特的发展模式有很大关系。

众所周知，全国各地分布着无数个具有鲜明特色的开发区。这种开发区发展模式，其实是经过顶层设计的成果，以资源整合、产业协同布局、集群化形态形成竞争优势，提升特定区域内经济发展的质量和效益，并由点及面推动中国经济向前发展。

几大类开发区中，国家级高新技术产业开发区是最具代表性和影响力的开发区之一。2021年，169家国家级高新技术产业开发区实现生产总值高达15.3万亿元，是国民经济发展的重要引擎和关键力量。

从综合排名上来看，中关村科技园区、深圳高新技术产业园区、上海张江高新技术产业园区、广州高新技术产业园区、杭州高新技术产业园区等是国家级高新技术产业开发区中的典范和代表，以汽车、轨道交通、电子信息、建材、生物医药等战

> 国家级高新技术产业开发区是最具代表性和影响力的开发区之一。2021年，169家国家级高新技术产业开发区实现生产总值高达15.3万亿元，是国民经济发展的重要引擎和关键力量。

略性产业、高科技产业支撑着开发区的发展。

几乎所有的开发区都会重视上下游的整合、供应链的链接，国家级高新技术产业开发区在这方面有着更加完善的布局。作为关键配套产业，材料在这其中走出了中国成长轨迹。

中国材料产业的 1.0 时代，就起于上海张江高新技术产业园区打开国门，以开放的政策积极引进世界 500 强企业，形成外商集群地来带动本地产业的发展。直到当前，上海市齐聚的外资材料龙头企业仍是国内前列，对于提升当地产业创新能力起着不容忽视的作用。

2.0 时代，即以中国科学院、北京大学、清华大学、哈尔滨工业大学、北京航空航天大学等研究所、高校为代表平台，支撑和服务着中国材料产业的发展，持续不断地输送人才，以市场为导向，完善产学研融合创新体系。

3.0 时代，特点是实现上下游集聚、供应链的闭环，形成互助互利、相互促进的产业园区。比如东莞松山湖科技产业园区，聚焦于 IT 产业、光电产业、生物技术产业、环保产业和装备制造业等新兴战略产业和高科技产业，配备完善的供应链和服务体系，这种模式和形态可以很好地应对新冠疫情、中美贸易摩擦等不可抗力产生的不确定性。

到 4.0 时代，研究院、产业、人才三大要素仍是一体的，但是材料端会与企业、应用端更加紧密、精准地合作。经历过被美国制裁的华为，就在创建这种模式，要求所有的供应链在 25 千米以内，一方面是为了安全，另一方面是为了更及时、更畅通的链接。

开发区之上，是各个城市。

当下，"十四五"规划和 2035 年远景目标纲要提出，要构筑产业体系新支柱，聚焦新能源、新材料、新能源汽车、绿色环保等战略性新兴产业，加快关键核心技术创新应用，增强要素保障能力，培育壮大产业发展新动能。

《"十四五"原材料工业发展规划》明确，到 2025 年，要实现新材料产业规模持续提升，占原材料工业比重明显提高；到 2035 年，新材料产业竞争力全面提升，绿色低碳发展水平世界先进，产业体系安全自主可控。

……

顶层设计和利好政策方向坚定、目标清晰，千亿级的新材料产业城市如何抓住重大战略机遇？一起来了解他们的重点发展方向。

1. 包头市，全球稀土的中心

根据《内蒙古自治区新材料产业高质量发展方案（2021—2025）》，当地正在重点发展先进钢铁材料、先进有色金属材料、稀土新材料、先进硅材料、先进建材及非金属矿物材料、先进碳材料、先进化工材料等新材料品类，目标到2025年新材料产业产值达到2 300亿元左右。

包头市则是内蒙古自治区经济发展的主力。坐拥白云鄂博矿的包头市，已经建成国家级稀土高新区，稀土行业龙头企业北方稀土、包钢股份均诞生于此，金力永磁、大地熊也在此建设了高性能稀土永磁材料基地，是全球稀土重要的供应基地。

围绕稀土资源，包头市重点发展稀土全产业链，并拓展新材料产业，包括高性能稀土抛光材料、抛光液、抛光粉、稀土永磁材料、高磁感取向硅钢、光伏、储能和石墨等，每年实施亿元级重点项目达数百个。目前已经实现永磁、合金、催化和抛光等稀土功能材料的全覆盖，稀土储氢材料和稀土抛光材料产量全国领先，终端应用领域不断延伸。2022年包头市规划，全年实施亿元以上工业重点项目406个，总投资3 831亿元，当年计划投资981亿元（《2022年包头市推动产业优化升级促进经济高质量发展工作要点》）。

为实现目标，稀土高新区把招商引资作为2022年工作重点，积极培育牵引性项目和龙头企业。根据包头市人民政府报告，截至4月30日，稀土高新区已累计签约项目46个，计划总投资404.77亿元。其中，已落地项目37个，总投资235.17亿元，项目主要涉及稀土新材料及应用产业，风光新能源及多晶硅、石墨等非金属材料产业，铝镁铜等有色金属产业，整车零部件制造产业及服务业等。

白云鄂博资源储量丰富，对其资源开发利用技术的重大突破，将是我国实现资源战略安全、避免高新技术受制于人的重要保障，包头市肩扛重担。

2. 天津市，从京津冀走向全国

天津市新材料产业已经形成南港工业区、九园工业园等优势产业集群，有一批创新能力突出的成长型企业，包括天津市中环半导体股份有限公司、中国电子科技集团公司第四十六研究所、天钢集团、天津利安隆新材料股份有限公司、天津秦元新材料股份有限公司等，蓟州区还集聚了京磁材料科技股份有限公司、天津三环奥纳科技有限公司等稀土永磁材料龙头企业，稀土永磁材料产业链条趋于完善。

"十四五"期间，依据《天津市新材料产业发展"十四五"专项规划》，当地将面向天津市、京津冀、华北地区乃至全国制造业高质量发展需求，深入推进先进基础材料转型升级，不断加快关键战略材料技术突破和国产化进程，目标到2025年，新材料产业产值达到2 400亿元。

先进化工新材料、高端金属材料和新型无机非金属材料将是天津市实施转型升级的先进基础材料，新一代信息技术材料、生物医用材料、新能源材料、高端装备材料和节能环保材料将作为重点突破关键战略材料，同时还将前瞻布局石墨烯材料、超导材料、增材制造材料等前沿新材料。

聚焦到稀土产业，天津市计划重点开发高综合性能稀土永磁体，提升钕铁硼永磁体和钐钴永磁体性能，开展传感器、伺服电机等应用验证。针对蓟州区，鼓励围绕稀土永磁材料引入上下游配套企业，延伸稀土永磁材料产业链，搭建起稀土永磁材料专业技术服务平台，并建设蓟州稀土永磁材料产业主题园区。此外，天津市拥有国家级稀土催化研究院，正在机动车尾气净化、固定源废气治理、新能源催化等方面进行重点布局。

通过上述举措，天津市将实现新材料初步满足传统制造业转型升级和战略性新兴产业创新发展需求。

3. 郑州市，抢抓中部地区崛起机遇

河南省是原材料大省，本身就在有色金属、钢铁、建材、耐火材料、超硬材料等领域有着明显优势。省会城市郑州自然资源储量非常丰富，包括煤、铝矾土、耐火黏土、油石等数十种，与之相关的电子信息、汽车、装备制造、铝精深加工等行业已经形成千亿级产业集群，是我国特大级城市，2020年实现生产总值超1万亿元。

根据《郑州市国民经济和社会发展第十四个五年规划和二〇三五年远景目标纲要》，当地将培育壮大新能源及网联汽车、智能装备、新型材料、生物医药及高性能医疗器械、绿色环保等五大战略新兴产业。其中新型材料产业将重点推进新型耐材、先进复合材料等领域发展，并积极布局特种金属功能材料、新型合金材料、新型复合材料、超导及纳米新材料、石墨烯、生物基新材料等。

近两年，郑州市还将前沿新材料布局作为未来着力发展的重点，聚焦非晶材料、复合材料、碳纳米管、碳纤维等前沿新材料，目标到2025年，全市新材料产业产值突破1 000亿元。

4. 合肥市，创新创投之星

合肥新材料发展离不开两个关键力量：创新，以中国科学技术大学为中心，包括合肥工业大学等，源源不断输送高精尖人才，不仅以科技的力量推动着合肥市产业的发展，还辐射到长三角等区域；创投，引进京东方科技集团股份有限公司（简称"京东方"），并赌对了京东方在光电显示产业的成功，以及赌对了新能源汽车，未来有望成为中国新能源汽车之都。

"十三五"期间，安徽省已经初步形成一批具有较强影响力的新材料产业基地和产业集群，覆盖先进金属材料、先进化工材料、新型建材、新一代信息技术材料、新能源材料、先进半导体材料等。2020年，全省实现新材料产

业产值突破 4 000 亿元，近 5 年年均增长超过 20%。

"十四五"期间新材料产业仍是安徽省重点发展的十大新兴产业之一，力争 2025 年实现新材料产值规模突破 1 万亿元。根据《安徽省"十四五"新材料产业发展规划》，省会城市合肥市将重点发展先进化工材料、新型显示材料、先进半导体材料、新能源材料、稀土永磁材料、生物基新材料、石墨烯材料、气凝胶等新材料领域，推动当地新材料产业发展驶入快车道。

稀土永磁材料国家重点实验室就位于合肥市庐江县，致力于稀土永磁材料的应用和稀土回收利用研究。

5. 南通市，让新材料企业做"主角"

南通市位于长江入海口北翼，是江苏省唯一同时拥有沿江沿海深水岸线的城市。这里有较为可观的矿产资源，铁储量 3 000 万~4 000 万吨，还有煤、石油、沼气、江砂、地热等。在新材料产业发展上，南通市已经布局了电子信息材料、特殊钢材料、化工新材料、高性能纤维材料、特种陶瓷材料、新能源材料及建筑新材料，2015 年产值规模就已超 1 000 亿元。

根据《南通市"十四五"制造业高质量发展规划》，当地将在"十四五"期间聚力打造五大产业集群，新材料集群位列其中，未来产业格局中将以新材料企业作为"主角"，目标到 2025 年，新材料产业产值力争达到 3 000 亿元。

具体工作方面，南通市将聚焦发展先进高分子材料和光电子信息材料，招引培育前沿新材料和金属新材料，提升壮大高性能纤维及复合材料、新型无机非金属材料和新型纺织材料，加快形成特色鲜明、具有较强竞争力的重点新材料产业体系。同时聚力打造金属制品、金属新材料、化工新材料三大具有国际竞争力的优势产业链，形成多元化、规模化、市场化、国际化的新材料产业基地。

6. 上海市，长三角新材料的先导

依托于产业优势，上海市已形成高磁感电工钢、高深冲性能汽车冷轧板等先进金属材料，以及改性工程塑料、特种橡胶等先进高分子材料和特种玻璃、硅外延片等先进无机非金属材料，甚至是纳米陶瓷微粉、高温合金纳米粉末等前沿新材料的全方位布局。2021年，上海市新材料产业实现了接近3 000亿元的产值规模。

"十四五"期间，上海市已制定《上海市先进材料产业发展"十四五"规划》，将持续重点发展先进基础材料、关键战略材料、特色攻坚材料和前沿新材料，目标到2025年实现先进材料集群制造业规模达到4 300亿元，其中新材料产值3 200亿元。

整个长三角地区，新材料产业布局已经十分先进，产业配套完善，形成了较强的产业牵引力。

7. 宁波市，做新材料来这里

宁波市位于长江三角洲南翼，是一个港口城市，拥有着全球第三大集装箱港的地位。在新材料产业，依托于丰富自然资源和产业协同，宁波市硕果累累，2018年就已实现新材料产业产值突破2 000亿元，走在全国前列。

当前，宁波市的课题是如何以科技创新为新材料产业加足马力。《宁波新材料科创高地建设行动方案（2021—2025年）》提出，将通过5年的努力，实现新材料科创策源能力大幅提升，形成"新材料产业看宁波，做新材料来宁波"的品牌。目标到2025年，培育年产值超100亿元的新材料龙头企业10家，新材料产业总产值突破5 000亿元。

> 新材料产业看宁波，做新材料来宁波。

具体关键技术攻关方面，宁波市聚焦化工新材料、金属新材料、稀土磁性材料、功能膜材料、电子信息材料等领域，加大攻关力度，并基于这些新材料加快应用场景建设，以全力加速技术成熟和产品应用。

> 目标到2025年，培育年产值超100亿元的新材料龙头企业10家，新材料产业总产值突破5 000亿元。

同时宁波市还在建设国家级新材料科技创新平台，侧重于海洋新材料、先进合成材料、极端条件材料等新材料领域，并借力数字化变革，目标助推我国新材料产业迈向高质量发展，增强辐射带动作用。

8. 赣州市，稀土产业风起的地方

江西省有着相对完备的新材料产业体系，而且矿产资源种类齐全、储量丰富。依托于资源优势，江西省布局了先进有色金属材料、先进钢铁材料、先进高分子材料、锂电新材料、轻量化新材料、高性能纤维及制品和复合材料、前沿新材料等方向，拥有江西铜业集团有限公司、江西钨业控股集团有限公司、中国南方稀土有限公司、晶科能源股份有限公司、江西赣锋锂业股份有限公司等龙头企业，整体新材料产业发展势头强劲。

"十四五"期间，《江西省"十四五"新材料产业高质量发展规划》明确，要依托现有产业基础，瞄准未来发展方向，做大做优一批包括先进有色金属材料、先进钢铁材料、化工新材料、先进无机非金属材料在内的传统领域先进基础材料，重点突破一批包括稀土新材料、高性能纤维及复合材料、先进半导体材料、新型能源材料在内的关键战略材料，谋划布局一批前沿领域新材料，不断延伸产业发展链条。目标到2025年，全省新材料产业发展水平显著提升，培育5家以上营业收入达到100亿元以上企业，产业规模突破6 000亿元。

赣州作为当地矿产资源聚集地，是本次五年计划的核心，将充分发挥现有稀土、钨等产业优势，加大新材料成果转化和产业化进程，打造产业化示范区和稀土新材料产业集群。

此外，赣州还将筹建国家钨与稀土产业计量测试中心，打造具有全国性影响力的钨与稀土产业计量测试中心。

在先天资源优势下，2019年，赣州稀土产业集群产值已超千亿元。"十四五"期间赣州市将进一步扩大以稀土功能材料和器件为主的应用产业规模，重点发展高性能稀土磁性材料、高丰度稀土永磁材料、高矫顽力低重稀土永磁材料、稀土储氢材料、稀土发光材料、稀土尾气净化催化剂及器件、稀土激光晶体材料、稀土合金材料及零部件、稀土永磁电机、高端稀土陶瓷等产品。

同时在稀土永磁材料产业链打造上，赣州市将紧抓新能源汽车、智能制造、机器人等产业发展机遇，大力发展以高性能钕铁硼为代表的稀土永磁材料，打造"稀土开采—冶炼分离—稀土永磁材料—永磁电机—新能源汽车"产业链。

目前，中国稀土集团和中国科学院稀土研究院均已在赣州市落户成立。在"双碳"目标、全球化逆流的供应链安全需求下，赣州市将是稀土产业风起之地。

9. 厦门市，发力新材料和新能源

根据《厦门市"十四五"战略性新兴产业发展专项规划》，当地新材料产业依托厦门钨业、厦门厦顺铝箔有限公司等龙头企业不断纵向深耕，在先进有色金属材料、特种合金、高性能纤维及复合材料等细分领域具有国际竞争力，2020年完成产值879亿元。

站在新五年计划的起点，厦门市明确要将新材料与新能源作为两大新兴主导产业之一进行布局，大力推动特种金属材料、新能源材料、新型高分子及复合材料、先进碳材料、清洁能源等领域持续创新发展，力争到2025年，

新材料与新能源产业总规模达到 1 400 亿元。

其中在特种金属材料领域，厦门市将重点发展稀土激光晶体、稀土永磁材料、新型磁制冷材料、高纯高性能稀土特种合金、稀土特种涂层材料等稀土功能材料。

10. 深圳市，大湾区的核心动力

2020 年，深圳市新材料产值规模已超 2 000 亿元。另根据《关于进一步促进深圳市新材料产业发展行动计划（2021—2025 年）》，深圳市将着力实现部分关键核心材料的国产替代，打破技术创新和产业化验证壁垒，覆盖集成电路、宽禁带半导体、高能量密度电池材料、医用高分子材料、航空高温合金材料和石墨烯材料等方面，目标到 2025 年，实现工业增加值 580 亿元，培育营收亿元以上企业数量超过 120 家。

包括深圳市在内，整个粤港澳大湾区对新材料产业发展都非常重视。当前正在以广州、深圳、佛山、东莞、中山、珠海、惠州为区域依托，建设新材料产业包括生产制造、应用的集聚区。大湾区成长起来的华为、大疆、比亚迪等领军企业，背后离不开包括新材料在内的先进技术的应用驱动。

当然，与长三角在新材料产业布局的深度和宽度相比，大湾区虽然主动创新能力很强，但是确实在新材料技术的聚焦能力、沉淀能力，还有平台的承载能力上与长三角还有差距。

在笔者看来，当下大湾区需要在新材料板块补短板，比如打造新材料上下游齐聚的产业园区，改变散乱的格局。本身大湾区有着很大的市场，华为、创维、OPPO 等终端品牌商都在这里，但是供应端和产业巨头是断层的，没有很强的本地供应链。这种断层，恰恰是未来 5~8 年，大湾区材料产业的市场机会。包括大湾区高度集中的信息产业发展集群与人工智能产业分布、新能源汽车产业的发展，将给稀土永磁材料应用带来强大拉动力。

需要注意的是，政策是方向，平台是土壤，人才是推动力。大湾区新材

料的快速发展，离不开产业政策扶持、国家级科研平台、高素质人才三大板块的建构和支持。

围绕各地方的指引和扶持政策，新材料产业投资热度持续攀升。中合集团作为一家专注于稀有金属和非金属材料产业上下游投资的控股公司，就投资了不少项目。如安徽中合新材料产业城项目，总投资5亿元，与中国科学院力学研究所、中国钢研科技集团、中国科学院宁波材料技术与工程研究所、南京工业大学材料科学与工程学院等多家国内著名科研机构共同合作，建设内容包括非金属（石英砂、凹凸棒、高岭土、碳酸钙、绢云母等）矿产品交易中心、新材料第三方检验检测分析中心、新材料国际酒店、高级人才公寓等。该项目已在2020年12月动工建设。项目建成后，对安徽省乃至长三角经济圈促进光伏、芯片、人工智能等产业发展将起到巨大促进作用。

> 在笔者看来，当下大湾区需要在新材料板块补短板，比如打造新材料上下游齐聚的产业园区，改变散乱的格局。本身大湾区有着很大的市场，华为、创维、OPPO等终端品牌商都在这里，但是供应端和产业巨头是断层的，没有很强的本地供应链。这种断层，恰恰是未来5~8年，大湾区材料产业的市场机会。

深圳中合集团下松海新材料创新中心项目，落户惠州仲恺高新技术产业开发区，总投资62亿元，将作为大湾区较大规模的人工智能新材料产业园，打造国家级新材料检验检测分析平台、国家级高性能永磁实验室、新材料大数据库等产业高地。该项目总建筑面积达120万平方米，在2022年5月正式动工建设，有望带领逾百亿元产值，将有效补充粤港澳大湾区在电子信息元器件、人工智能模组、新能源汽车、民用无人机、机器人传感器等领域的产业发展配套。

在松海新材料创新中心项目落户前，笔者曾到惠州进行深度调研，并与惠州仲恺高新技术产业开发区经发局廖凌伟书记一行六人到北京、宁波两地深入走访国内多家国家级新材料企业及科研机构，切实感受到了当前中国新材料发展存在的瓶颈以及投资机会所在。

上述新材料产业城的成功，以及未来"十四五"规划可能取得的成就，主要受益于高度的市场化和供应链的闭环。中国有着庞大的人口基数，这决定了市场空间是完全充足的；供应链闭环管理后，既保证了安全，也便于探索更高效益、更贴近市场的合作模式。

拓展阅读

吴海明：粤港澳大湾区要加强新材料产业的供应配套（竖版视频）

吴海明：未来两年最有价值的产业创新机会，人工智能技术在康养产业的运用

吴海明：筑梦，追梦——2020

参考文献

[1] 前瞻经济学人. 重磅！2022年中国及31省市稀土行业政策汇总及解读（全）"加强保护、提高创新应用能力"是主旋律[J/OL]. https://www.qianzhan.com/analyst/detail/220/211116-beff45df.html. [2021-11-16].

[2] 中金有色研究. 迎接稀土的新时代[J/OL]. https://cj.sina.com.cn/articles/view/5115326071/130e5ae7702001eg5j. [2021-07-08].

[3] 中共中央 国务院关于完整准确全面贯彻新发展理念做好碳达峰碳中和工作的意见[EB/OL]. http://www.mofcom.gov.cn/article/zcfb/zcwg/202112/20211203225956.shtml. [2021-10-24].

[4] 国务院. 中国制造2025[EB/OL]. 2015, http://www.gov.cn/zhengce/content/2015-05/19/content_9784. [2015-05-19].

[5] 干勇.制造业强国建设三大基础要素（上）[DB/OL]. http://jamia.org.cn/article/detail/1883. [2020-06-17].

[6] 工信部. 新材料产业发展指南[EB/OL]. https://wap.miit.gov.cn/ztzl/rdzt/xclcyfz/zcgh/art/2020/art_e27ba0ba54304c1b933c3cb32ecce94c.html. [2016-12-30].

[7] 陈光, 崔崇, 徐锋. 新材料概论[M]. 北京: 国防工业出版社, 2013.

[8] 中国政府网. "十四五"规划和2035年远景目标纲要[EB/OL]. http://www.gov.cn/xinwen/2021-03/13/content_5592681.htm. [2021-03-13].

[9] 工信部. "十四五"原材料工业发展规划[EB/OL]. http://www.gov.cn/zhengce/zhengceku/2021-12/29/content_5665166.htm. [2022-07-06].

[10] 包头市人民政府, 市工信局. 1-2月全市工业重点项目建设情况 [J/OL]. 2022, https://www.baotou.gov.cn/info/1145/244003.htm. [2022-03-16].

[11] 包头市人民政府. 稀土高新区21个重大项目集中签约[J/OL]. https://www.baotou.gov.cn/info/1144/245263.htm. [2022-05-08].

[12] 中国政府网.《"十四五"原材料工业发展规划》印发 提升原材料工业保障引领制造业能力[J/OL]. http://www.gov.cn/xinwen/2021-12/29/content_5665161.htm. [2021-12-29].

第 4 章
稀土产业金融与证券化的力量

■ 章节概要

在 2015 年出版的《征战中国稀土》中,笔者提出:中国已经失去了石油、黄金、白银、铜、铅、锌、铁矿石等大宗商品的国际定价权,不能再失去稀土的全球话语权。

......

我国在重要战略资源领域已经不能再韬光养晦了,应该由相关政府机构为主导力量,引导投资,促进国家控股的稀土集团对产业链的整合,规范稀土行业市场,形成探矿、开采、冶炼、深加工、循环利用的有序化、合理化市场,再借用民间资本的力量,呼吁民间收储,实现藏富于民。原南方稀土产品交易中心(现已更名为:南交所稀土产品交易中心,简称"南交所")的建立、包头稀

> 在 2015 年出版的《征战中国稀土》中,笔者提出:中国已经失去了石油、黄金、白银、铜、铅、锌、铁矿石等大宗商品的国际定价权,不能再失去稀土的全球话语权。

土产品交易所股份有限公司的运行,将有效探索解决价值和价格偏离问题,配合国家大力整合稀土产业的步伐,有利于形成中国稀土的定价机制,并可利用我国的资源优势,掌握全球的稀土定价权。

自那时候到现在,笔者都非常关注与重视稀土产业金融与证券化,并亲自主导了南交所的成立。这是因为,中国要想拿下稀土国际定价权,产业金融与证券化是至关重要的抓手,也是唯一通道。

众所周知,稀土还没有成为大宗商品,不具备大宗商品国际流转、流通的特性。而要拿下稀土国际定价权,我们必须先让稀土成为大宗商品,在此之前需要建立稀土产业金融与证券化的四大功能:一是具备定价权,二是具有流转性和可变性(现货及期货的交易属性),三是具备互认的金融属性,四是具有全球供应链功能属性。

> 从定价权功能看,中国作为稀土最大出口国、最大供应国、最大储量国、最大消费国,不应当失去稀土的国际定价权,必须尽快组建具备定价权的交易平台。

从定价权功能看,中国作为稀土最大出口国、最大供应国、最大储量国、最大消费国,不应当失去稀土的国际定价权,必须尽快组建具备定价权的交易平台。

过往10年,稀土产业侧重于生产秩序的整顿、清理和规范,没有从国家层面重视稀土产业金融与证券化,但是市场端其实已经做了很好的尝试。北方有包头稀土产品交易所(简称"稀交所"),南方有南交所,赣州市有稀有金属交易所。其中南交所率先提出了稀土证券化和定价权的概念,不仅落地了稀土线上交易、稀土质押融资,而且对稀土投资做了很好的普及。

只不过由于缺少国家队的深度参与,上述平台以TOB为主,没有面向个人投资者,影响范围非常小。而我们的目标是要拿下稀土国际定价权,平台组建的门槛会高很多,需要国家作为主力参与者。

具备国际定价权的稀土交易平台,必定要满足公开、开放的国际流通条件。一方面国家队要作为主力参与者深度参与其中的交易,以对抗境外资本恶意炒作力量；另一方面这样的平台也意味着将面临海量交易、善意与恶意的做多做空等各种力量的博弈，打开国门后，很多风险往里面涌，国家层面必须做好应对的策略，同时也要注重交易机制、监管机制的国际化制定，以及国际布点等。

这是一个立体而缜密的工作，目前还在探索中。短期内，上海期货交易所、广州期货交易所也在提出调研及酝酿，不久的将来会尝试性做3~5个稀土期货交易品种。

从流转性和可变性功能来看，大宗商品属于远期交易，在交易平台上呈现的价值是对未来价值趋势的判断，足够多的投资者带来足够多的交易量，才能产生交易的土壤，满足流转性和可变性的条件。

如今股票交易非常便捷高效，开户自由，随时随地买入卖出，笔者估计稀土达到这样的景象，需要10~20年，但是有三个前提：第一个是政策上，政府要像支持股票交易市场那样支持稀土交易平台的发展，打造上交所、深交所和北交所这样的交易平台，起到疏导、规范的作用；第二个是稀土金融人才的培养和稀土交易的普及；第三个是满足高频交易、海量交易的基础设施和场景打造，就比如现在手机APP上就可以承载海量的股票交易。

从供应链功能来看，成为大宗商品一定具有供应链的功能。大宗商品交易里，买方和卖方并不是实物即时交割，供应链可以起到质押融资的作用，也是信任基础和安全交易的缓冲。供应链功能，只要是在合理的杠杆率、合理的换手率、合理的流动性等范畴内，不仅可以降低单边市场交易的风险，还可以促进产业的活跃度。

从金融功能来看，又可以称为货币化，即"实物+抵押+证券"，包括价格的涨与跌、交易的多与空。稀土货币化以后，可以像黄金白银一样可流转、可质押、可变现，价值呈现包括实物与虚拟两部分。以黄金举例，黄金货币化包括实物黄金和纸黄金，差别在于纸黄金没有实物，而是通过纸质的方式在银行进行买卖，相同之处是通过看涨来获取收益，300元买入，金价涨到500元就能赚钱。

如果稀土能像黄金白银一样成为贵金属大宗商品，可以拉动的产业价值，包括资金投入、抗风险能力是很大的。

目前在金融属性方面，我们还没有把稀土当成一个交易标的，没有当成具有

> 如果稀土能像黄金白银一样成为贵金属大宗商品，可以拉动的产业价值，包括资金投入、抗风险能力是很大的。

刚性兑付能力的商品，也就是说，还没有像黄金一样可以拿去买东西。但是未来，可能是3年、5年或10年后，稀土货币化后，一定会比比特币更具刚性兑付、更具战略意义，是比肩黄金白银的货币。基于此，同样可以像老百姓收藏黄金一样，实现稀土的藏富于民。

中国稀土储量和稀土产业链在国际上有着无可比拟的优势，美国、澳大利亚、加拿大等国家虽然也有可观的储量，但是要想在产业上追赶中国至少需要十几年到二十年的时间。

但是由于没有国际话语权和定价权，中国稀土的优势并没有完全呈现出其意义和价值所在，反而更多时候令政府、稀土从业者头疼。长期低价出口，早已让很多国家对中国稀土形成较大的依赖，一旦限制和管控稀土出口，就会引起美国、日本、欧盟等买方阵营的强烈反应。

作为一种重要的、具有战略意义的资源，稀土相对而言没有那么稀，已探明储量足以够全球使用数百年，并且不存在中国稀土对其他国家形成"卡脖子"的情况。自中国控制稀土开采和冶炼分离指标、加强出口管理后，美国、日本联合其他有稀土资源的国家兴建稀土产业链就足以说明，他们有能力、有资源可以解决供给的问题，只不过由于长期依赖进口，需要在生产技术、专业人才等各方面追赶中国已经形成的品质、效率和成本优势。

那么对于中国而言，在稀土供应日益多元的趋势下，为持续巩固在全球的稀土龙头地位，中国既需要不断扩大资源版图，积极参与非洲、东南亚乃至欧美等国家和地区资源禀赋好的项目，尤其是短缺的中重稀土项目；也需要加快国际定价权的掌握，从开发、应用端着手，提升高科技领域技术创新水平，以高精尖的技术实力筑起竞争壁垒，同时要善于利用金融手段，这样才能在国际上形成真正的影响力。

随着稀土的应用越来越广泛，重要性被更多人所知，这已不是单纯的中国稀土产业的强大之路，而是一场国际政治的博弈，必定要以金融作为关键工具，在暗夜前行，并长久蛰伏，直到水下的工作做到足够坚不可摧，才能浮于水面。

当前国际政治经济形势正在深刻演变，全球面临着疫情、环保、安全与和平、发展诸多跨国性的挑战，大国关系也在持续调整和变化。本章将结合国际形势，谈稀土在国际战略上的意义和价值，以及介绍稀土的定价权、稀土产业金融和证券化等内容。

4.1 稀土能否成为黄金白银般的国际战略物资

人类生产和生活离不开各类物资，国家的安全运行也以可观的战略物资储备为基础。

先来了解什么是战略物资。广义上，战略物资指的是国家战略物资，具有保障国家安全、应对突发事件、保证经济文化秩序稳定和服务于国家建设的重要作用。狭义上，当下及未来有广泛和特殊应用需求的物质资料都是战略物资。

战略物资的基准点首先是要着眼于应对危害国家安全的突发性事件，如战争、疫情、自然灾害、恐怖袭击等。其次是国家致力于发展高新技术所需要的必要物资储备。

目前而言，国内战略物资的储备由国务院有关部门组织实施，根据储备物的不同，可以分为负责金属、非金属、有色金属、火药与炸药等方面物资储备的国家物资储备局；负责国家粮食储备的国家粮食局；负责石油储备的国家能源局。

不同于一般性的物资，战略物资除了在平时市场紧需之时更够平稳物价、维护国家基本的经济秩序之外，更重要之处在于国家的安全与发展。随着俄乌局势越发显现出的不确定性以及北约成员国家的地缘政治不稳定性，世界各国越来越重视建立战略物资的储备与调用。

当然，人类对物资的储备很早就已经开始，殷商时期傅说向商高宗武丁进言，就有强调"惟事事，乃其有备，有备无患"。明代记载唐朝的故事中有"三军未动，粮草先行"，而且历代基本都注重仓储制度。有说法称，战略物资储备最早源于扩军备战需求，或者是出于抵御自然灾害的目的，今时今日则已扩大到整个国民经济的发展需要，涉及的品类也非常广泛。

我们日常生活中的大米、猪肉、食盐、白砂糖等，生产需要的煤炭、石油、稀有矿产、天然橡胶、轮胎、钢材等，贵金属如黄金、白银等，都在战略物资储备行列。在战争年代，战略物资的重要性无需多言，在和平年代，战略物资储备也可以起到救灾备荒、维护社会稳定、调节物价的功能。

在新中国百废待兴之始，国家便开始注重战略物资的储备。1950年4月，相关单位在接受和清理敌伪物资的工作基础上，提出了我国建立健全国家物资储备制度的意见，以用来辅助国家经济建设与国防建设的新需求。到了1964年时，国家储备物资制度初具规模。在这个过程中，战略物资的储备为新中国初期的经济建设发挥了重要的作用。

在不同的历史阶段，战略物资的定义也不断地发展、丰富和完善。

20世纪60年代后，国家根据防范战争、防范自然灾害、防止经济失衡的相关内容扩大了国家战略物资的储备和种类，通过国家专款收购战略物资。1978年，随着十一届三中全会的召开，国家方针开始向经济建设这一新的重心转移，战略物资的储备布局也进行了调整。物资收储的方向由主要防范战争风险的战备物资储备转向军民通用、稳定经济。战略物资由"吃饱穿暖"、保障国家安全，走向了高速发展的时期。

2008年汶川地震发生后，中央立即向灾害发生区域投放粮食、药品与燃油等物资，以保障社会秩序的稳定，并很快将重建灾区提上日程；2020年新冠疫情暴发后，国家应急管理部门快速同国家粮食和物资储备局向湖北地区运送6万余件救灾物资，大力支持后疫情时期的经济建设。可以看出，数十年来战略物资在应对突发性的自然灾害、保障经济建设与国防需要方面有十分积极的贡献。

"一代人有一代人的长征路"。当前我国的经济发展正处在从高速度发展转向高质量发展的关键时期。根据最新的《关于国家实行战略物资储备和调用制度及组织实施的有关规定》中所述，战略物资包括对国计民生和国家安全十分重要的物资；国内资源少或生产能力不足、需要进口的重要物资；高新技术产业发展必需的稀贵金属和材料等。这意味着我国的战略物资储备也将由高速度发展，转向高质量发展，储备物将更多地服务于国内高新技术的发展。

稀土作为一种不可再生的珍贵矿产资源，自然是战略物资储备的重点对象。

前文我们说过，稀土是军事装备的关键原材料，没有稀土则航母无法发挥最大价值，飞机导弹飞不上天，同时作为我们这个时代的"黄金"，稀土还被应用于几乎所有的高科技领域，世界的发展已经离不开愈显重要的稀土，稀土在新型磁性材料、储能材料、超导材料与发光材料等研究领域大显身手。故此，稀土也以无处不在的应用价值成为大国博弈中必不可少的物资。

中国是世界上稀土品种最丰富、储存量最大、分布最广的稀土大国，在全球稀土贸易中贡献了85%的份额。中国还是稀土原材料加工与稀土元素提炼产业链最为发达的国家，唯一问题在于稀土定价权并没有真正掌握。

在国内稀土行业发展的初期，大量的稀土及其副产品被廉价地卖给欧美国家，外资企业也纷纷在国内设厂，以期进一步剥离稀土产品价格与中国的关联。这长期损害了我国在稀土市场上的利益，并为我国的战略物资储备埋下隐患。

而且一直以来，美国、日本、韩国、俄罗斯等都在储备稀土资源，比中国要早得多。比如，美国1946年就将稀土资源划入储备物资之列，后面根据政策和供应变化取消过，到 2010 年又强调要重视稀土的战略储备。美国方面提出了《战略物资储备法》以及《国防生产法》来约束和规范稀土及其他矿产资源的储备工作。日本矿产资源匮乏，一直把稀有矿产资源的储备放在重要位置，其中对稀土资源的储备是从 2006 年开始的，也专门颁布了《金属矿业事业团法》来对稀土资源储备进行规范。

中国的稀土相关行业除了要满足国内稀土需求的同时，还要承担全球多数国家的稀土供应，且不仅是应用需求，还包括储备部分。

那么中国稀土能否具备黄金白银般的国际战略物资价值？黄金白银作为具备支付属性的货币，储量的多少是衡量一个国家金融健康的重要指标，尤其黄金更是直接象征着国家财富实力。

如果稀土可以具备这么高的价值，想必我们受制于人的地方会大大减少。近几年中美贸易摩擦中，就有不少人谈论能否把稀土资源变成战略优势，反向制衡美国等西方国家，从而减轻贸易摩擦带来的进出口与高新技术发展的压力。

不过，这个问题的答案是否定的，至少就目前的情况而言是这样的。

首先，稀土并不是那么"稀"，这些年世界各地发现的稀土资源并不少。澳大利亚、俄罗斯、印度每年同样有千吨级的稀土产品产出，我国周边国家如越南、老挝、缅甸、日本也陆续发现大量稀土资源。只不过 21 世纪初期中国稀土精矿出口价格低，相对于开采本国稀土资源带来的高昂生产成本和环境治理成本，进口自然是最优解。但是随着近几年中国持续实施较为严格的稀土资源管理政策后，包括美国、澳大利亚、东南亚各国等都在建设本土的稀土产业链，以摆脱中国政策的影响。

冶炼分离方面，中国也不再是全球稀土产业当中唯一的冶炼分离产品供应源，澳大利亚 Lynas 公司已经占据了全球份额的 10.6%，美国方面也在与其计划合资在美国本土建设稀土冶炼分离的生产线。

其次，中国本身还是稀土消费第一的国家，稀土消费总量全球占比达 57%，而欧美与日本的合计消费量为 37%。如果中国在稀土上不按常理地涨价或者限制，不仅会影响我国下游产业的发展，还会引发更大的反噬。

我们在高端应用领域尚有不足，比如日本进口稀土化合物后，经过加工生产，可以向我们出口高阶设备，稀土出口价提升后，我们进口设备的价格会更高。我国目前能制备纯度为 99.99% 的稀土金属，然而美国可以制造更高纯度的 99.999 9% 稀土金属。

再者，以稀土影响或制衡西方国家的卡脖子，西方国家也会更加严格地禁止芯片的出口。如果芯片供不应求时，下游的手机行业、新能源汽车产量会减少或者增速放缓，作为稀土主要应用领域之一，对于稀土的需求也会减少，从而形成稀土行业内的恶性循环。

西方国家确实比较忌惮中国稀土产业的强大。一方面是因为我们有指标管控，导致国际上稀土是相对缺的，一有风吹草动就容易单边上涨、单边下跌；另一方面在稀土的产业应用上，基于可观的储量和产量，中国也是遥遥领先的，未来国际稀土产业的发展都要向中国看齐，西方国家很难追赶。

但是，这些都不足以支撑中国稀土影响别国。即使想要通过立法的手段，中国的目的也仅止于保障稀土资源的合理开发利用和促进行业持续健康发展，而不是作为国际竞争的手段。

目前中国每年都会上调稀土开采和冶炼分离指标，这是一种善意的信号，表明愿意与各国保持互惠互利的关系。

与此同时，中国自然有在持续强化稀土产业的羽翼。针对稀土元素薄弱的深度加工环节，《稀土管理条例（征求意见稿）》提及，国家鼓励稀土勘查开采、冶炼分离、金属冶炼和综合利用等领域的科技创新和人才培养，支持稀土新产品、新材料、新工艺的研发和产业化。

伴随着中国政策的变动，依赖中国稀土的国家也在调整战略应对。比如，中国在数年前制定的《2009—2015年稀土工业发展规划》以及《稀土工业产业发展政策》曾引起欧美、日本、韩国等地区国家的激烈反应。美国方面就认为中国限制稀土出口量是威胁美国国家安全的象征，因为在军工武器中使用稀土元素掺杂的材料将会表现出更优异的性能。在美国的最新一代战斗机

F-35 上，稀土被用在关键的隐身材料涂层中，美国海军的核潜艇与驱逐舰上都可以找到含有稀土元素的钕铁硼磁，稀土的重要性可见一斑。美国众议院随后便提出要建立国家稀土储备，以保证稀土的供应。另一方面，美国也开始支持稀土回收利用方向的相关研究，重启美国国内的稀土产业链与资源勘探。美国拜登政府在 2021 年 6 月 8 日发表了其调整半导体等战略物资供应链的报告，由于投资不足、企业注重短期利益以及相关的政策失误等原因，使得美国的产业基础已经出现空洞化，美国方面将组建七国集团（G7）以降低战略物资对中国大陆的依赖程度。

日本方面加大稀土的储备，开发海底资源的利用并鼓励在海外的稀土产业链建立。欧盟的稀土储量少，主要进口来源于中国和印度。为了加快稀土这一战略物资的储备，欧盟提出新的原材料发展战略，并寻求稀土材料的多方供应。

稀土是一种不可再生资源，这意味着将稀土开采完毕后将难以寻找到替代品。随着稀土资源的不断开采，我国的稀土资源储量与保障年限也出现下降趋势。

在我国稀土行业发展的早期，各种稀土加工企业的工艺良莠不齐，对企业周边自然环境造成了土壤污染、水污染与空气污染。江西赣州的一些稀土企业使用落后的"池浸工艺"，每开采一吨稀土便会产生约 2 000 立方米难以利用的尾矿，造成地表土层剥离、产生大量废水以及造成资源的永久性损失。因此，建立健全稀土出口规则对于中国的稀土行业的良性发展是十分必要的。

在《中国制造 2025》中提出了将我国从制造大国转向制造强国的观点，而稀土这一至关重要的战略物资的储备更不能落下。于 2010 年确立稀土为国家战略性资源后，中国就开始稀土战略储备制度，实施了稀土资源地储备和产品储备，划定首批 11 个稀土国家规划矿区，并编制完成稀土资源重点规划区（矿区）专项规划。在 2016 年，我国首次开启了稀土元素的商业性储备的同时，也颁布了一系列对于稀土战略储备的政策。

稀土这一战略物资的储备目标不仅包括具体的稀土种类和数量的多少，

> 推动稀土行业迈向高质量发展，实现节能选矿、绿色选矿、废弃物资源化、稀土基功能材料创新、高效提取与分离技术创新，通过技术的创新赢得更高端的市场，是中国稀土产业发展的可持续之道。

还应当根据具体的需求动态地调整储备方案。通过建立储备法律制度，围绕我国的基本国情、国防要求、高新技术的发展需要，合理引导相关企业的发展方向。通过遏制过去中国稀土企业粗犷式的稀土资源开发，淘汰落后产能，同时，《稀土管理条例（征求意见稿）》中"鼓励对含有稀土的二次资源进行回收利用，建立稀土产品全流程的信息追溯系统"，实现稀土资源的合理利用。

推动稀土行业迈向高质量发展，实现节能选矿、绿色选矿、废弃物资源化、稀土基功能材料创新、高效提取与分离技术创新，通过技术的创新赢得更高端的市场，是中国稀土产业发展的可持续之道。

就目前而言，稀土全球多元化供应格局已经基本形成，欧美、俄罗斯、加拿大与非洲部分国家已经开启了一批新的稀土资源开发项目。

中国只有足够强大，占据技术制高点，才能真正立于不败之地。

4.2　稀土的交易与定价权

在探讨稀土的交易与定价权之前，我们先来了解一下国内稀土交易平台和其现状。

稀交所是北方稀土旗下控股的非上市股份公司。2012 年 8 月在第四届中国包头稀土产业（国际）论坛开幕式上揭牌成立，2014 年投入运营，2017 年通过国家清理整顿各类交易所的专项审查验收。稀交所以各类稀土产品进行现货交易，除为稀土上下游企业提供贸易平台，也为交易各方提供稀土交易结算、仓储物流、质量检测、信息咨询、金融融资等服务。

稀交所成立的初心是希望服务于稀土实体经济，形成我国稀土国际话语权，但是后期经营时牵涉到了"稀土骗局"，历经两任掌舵者都涉嫌严重违纪违法被立案调查后，稀交所定价权和影响力大幅减弱。目前稀交所由北方稀土负责管理，但更多只是作为北方稀土的稀土产品公开挂牌竞价交易的 B2B 平台。

赣州市的稀有金属交易所成立于 2011 年，正式开业在 2019 年年底，是集稀土、钨等多种金属产品线上交易的现货交易所。稀有金属交易所一直没有开展实质性的业务，从 2019 年中国稀土集团作为央企入主重组后，未来料将会组建及激活各项交易业务。

总部设在深圳的南交所成立于2010年9月,2013年与广东省平远县人民政府合作设立南交所稀土产品交易中心,并上线挂牌交易16个稀土产品品类。成立几年内就实现了年度成交额超过百亿元,极大地促进了稀土产品的销售和流通,也吸引了民间资本的参与。稀土上下游企业可以通过南交所的稀土产品证券化交易、实物质押融资、下游磁材企业供应链管理三大功能,解决经营资金的问题,实现稀土产品更便捷的销售和流动。

从当下的现状来看,诚然上述三大稀土交易平台并没有让中国掌握稀土的定价权,但是不可否认,它们都做了很好的尝试和贡献,尤其是南交所稀土产品交易中心真正落地了各项金融服务。稀土产业的良性发展,不仅需要国家和行业专家的支持,更需要企业积极引领和广大投资人的普遍参与,稀土交易平台是必不可少的桥梁。

另外我认为,在过去的八年中,这些稀土交易平台对于行业从业人员对稀土行业的认知、稀土产业链的了解、稀土类上市公司的投资参与意识等方面的引导,是起到了积极作用的。

以前大家都觉得稀土很遥远,是离我们日常生活很遥远的、一个很偏门的金属类。随着稀交所、南交所持续多年对稀土产品交易、稀土产品质押融资业务等金融及交易的推广,培养了一批业内从业人员,让他们成为国内第一批次接触及了解稀土产品证券化的人。

当然,由于稀土产业目前体量较小,一年也就几百亿元,要作为大宗商品的交易品种是很小的一块。而且一年四个季度,以现货加期货去做的话,可能大的财阀或者国际财阀拿30亿元、50亿元估计就足以控制走势了。所以这也是中国到现在还没有推出稀土期货的原因所在,确实是出于国家安全考虑。体量小,做成国际化的交易平台很难挡住拥有大现金流的投行、产业寡头、国际财阀来参与交易。

基于这个风险,我觉得中国现在考虑把稀土作为期货产品去推,是需要斟酌的。包括作为大宗商品的交易品种,也有点为时过早,体量太小,很容易让别人捷足先登。比如美国对黄金的控制,让黄金与美元挂钩,它也必须先稳住黄金，才能让美元坚挺。

如果真的要做，最好秉承国家管控的原则，可以尝试在上海期货交易所开通某些品种，然后六大稀土集团先去试水，扮演核心交易商、中流砥柱的角色，同时观察海外财阀、海外机构的参与程度。

定价权是商品交易的核心，没有定价权，无疑是可悲的。就像中国是全球大宗商品市场最大的卖方，也只能受制于拥有定价权的国家。

而中国要想掌控稀土国际定价权，必须建立全球稀土产品交易及定价平台，以保障国内稀土新材料发展为目的的分配方式，同时兼顾国际稀土新材料市场的调控及供应，逐渐公开透明地释放中国稀土储量及开发的优势。

如此操作，我相信不出十年，中国的稀土一定能在全球拥有足够的话语权和定价权。因为我们拥有全球储量最大的稀土资源、拥有全球最先进的稀土萃取技术，同时拥有全球稀土永磁最大产能。在这个产业体系的架构设计中，中国一定可以在稀土产业上影响全球。

需要注意的是，在稀土版图上走出市场化、国际化的现货及期货交易定价平台之前，我们尚需衡量以下几个关键的配套要素。

（1）稀土产品、稀土金属上线交易时的定价准则（取值标准），不能依赖产量大、上线量大的企业来定价，应该参照过往十年、未来十年的预测走势，通过第三方专业的合格机构（例如中国稀土行业协会）来进行周全的研究，出具交易品种的取值标准（产品上线交易价格）。

（2）由交易所制定合格投资者的测试评价标准，凡是测试合适后的投资者无论机构、个人、法人团体，都应该允许开户进行投资交易行为。

（3）把稀土产品交易平台的数据监管纳入金融监管体系，严格控制场内及场外资金规范性，不允许通过场外资金刻意放大杠杆进入场内交易，出台严格的违规处罚条款，甚至出台相应的违法处罚条例。

（4）健全交易所的企业管理制度，做到公众化、透明化，减少行政管理干扰，力求运作模式国际化、市场化。

（5）推行以人民币和数字货币作为结算的唯一国际化大宗商品交易定价模式，走出中国特色的社会主义新路子，将稀土和人民币捆绑，树立中国稀土在国际上的真正影响力。

未来若再次发生稀土WTO诉讼，中国只有通过市场化的行为和手段，建立国内乃至国际认可的第三方流通交易及定价平台，实现稀土的重新定价和合理价值的流通，才有可能获得胜利。

4.3　大宗商品产业金融剖析

大宗商品也称为大宗物资，简单来讲就是可以大批量买卖的商品，所以并不用于零售环节。通常而言，大宗商品指的是自然界存在的原材料，且是农业生产和工业生产当中消耗量较大的商品，包括工业原材料、农作物、矿石等，如小麦、白糖、有色金属、原油、煤炭等。

所有的大宗商品都具备易于分级和标准化、易于储存和运输的特性，同时在交易中存在交易量大、价格波动大的基本特点。

大宗商品价格变动的因素是多方面的，包括地缘政治、经济周期、供求关系、汇率与货币财政政策等影响因素。这些影响因素与大宗商品买卖地区之间的运输耗时，一同反映出大宗商品价格的波动程度。

因受到国内外宏观环境、疫情的影响，目前大宗商品的价格仍然处于高位状态。后疫情时期，俄乌地缘政治风险形成了多米诺效应，给2022年年初到至今的大宗商品价格上涨留下了明显的烙印，大宗商品的供需平衡被再次打破。国内部分地区疫情风控期间，大宗商品的需求呈现出放缓的迹象。随着疫情的好转，其对于复工复产的影响正在减弱。伴随着作为中国钢铁贸易中心的上海地区的经济秩序进一步恢复，大宗商品的价格迎来了修复性反弹，2022年5月中国大宗商品指数较前一月提升了1.6%。另外，随着各地稳增长、稳就业、稳经济等相关政策的逐步落实与发力，使得大宗商品市场出现回暖。

在《中共中央关于制定国民经济和社会发展第十四个五年规划和二〇三五年远景目标的建议》中提出了加快构建国内大循环为主体、国内国际双循环相互促进的历史性建议。大宗商品不仅对中国的发展具有重要意义，同时也是构建国内大循环、国内国际双循环的工业基础材料。由于世界各地的大宗商品原材料分布并不均一，使得大宗商品走向了劳动力成本较低、加工能力高、产业链完善的中国。那么作为大宗商品原材料进口和出口的大国，中国促进大宗商品行业的完善和进步，对于推动国内经济发展具有积极的作用。

大宗商品并非离我们很远，大宗商品的价格波动在一定程度上会影响消费者物价指数（CPI）。

2022年5月16日，国家统计局新闻发言人就4月份国民经济运行情况答记者问时指出，今年以来，在全球疫情和乌克兰危机持续影响下，全球能源和粮食价格供求关系紧张，产业链供应链面临较大压力，初级产品价格高位运行，各国通胀压力显著上升。

中国在2022年4月份，CPI同比上涨2.1%，相较于美国和欧元区，涨幅相对稳定。其中在粮食方面，虽然国际粮价不断上涨，国内库存较为充足，低价收储、高价放出，总体价格保持平稳；能源供给方面，国际能源产品价格攀升，在石油和天然气外采上提高了进口成本，主体能源煤炭则以本土供应为主，所以总体供给稳定有保障；工业消费品方面，受汽柴油价格影响，工业消费品价格涨幅较大，但是扣除能源后的涨幅较低，多数工业消费品供给能力充足。就目前而言，对于国内部分大宗商品的需求是可以满足的，国外则面临较大压力。

国家发改委在2022年5月17日的新闻发布会上，关于通胀压力问题再度被提出。国家发改委政策研究室副主任、发改委新闻发言人孟玮表示，当前全球各大经济体均面临较大通胀压力，但是中国在4月份的CPI涨幅明显低于其他主要经济体，说明中国国内经济发展势头良好。

孟玮强调："展望后期，我国经济韧性强、市场空间大，政策工具箱丰富，特别是粮食生产连年丰收，生猪产能充足，工农业产品和服务供给充裕，完全有条件、有能力、有信心继续保持物价平稳运行。"

与此同时，中国将在多个方面做好大宗商品保供稳价工作，我们可以简单概括为：保证粮食供应、保证能源供应、保证矿石行业稳定、加强市场监督。

所谓保证粮食供应，就是做好粮食的保供稳价工作。通过保护耕地、稳定播种面积和产量、采取适当形式的补贴等措施来保持粮食足量足价。稳定粮食价格，使粮食价格不发生大范围波动，确保中国人自己的饭碗牢牢掌握在自己手中。

保证能源供应，便是以发电占比较高的煤炭为锚点做好能源的保供工作。密切监测煤炭价格的变化，引导煤炭行业的良性发展。完善煤炭生产、供应、储备、销售体系，强化市场的预期管理措施。以煤稳电，从而稳定能源供应。

保证矿石行业稳定，是为了增强国内的资源保障能力，实现国内经济的大循环。加大国内铁矿石资源的勘探与开发力度，建设一批示范性的矿石产品基地。与此同时，还要避免过去粗犷式的高耗能、高排放、低水平的盲目发展；要强化出口调节，以促进国内重要矿石产品的稳定供应，使矿石产品价格基本稳定在一条水平线上。

此外，相关部门需要持续加强和做好市场监督工作，加大对商品现货与期货市场的联动监督力度，以使商品价格处于合理期间内。同时对那些故意捏造和散播涨价信息、囤积居奇、哄抬价格等故意破坏市场稳定的违法违规行为，尤其是金融资本的恶意炒作，有关部门要给予严厉打击。

我们可以观察到，在气象灾害、疫情对全球供应链影响、各国政治军事博弈、绿色转型、航运物流受阻等各方面因素作用下，大宗商品价格持续上涨，并呈现高位振荡现象，其中以能源、粮食、矿石产品价格冲高速度最快。

对此，目前国家发改委已经就基础能源煤炭印发《关于明确煤炭领域经营者哄抬价格行为的公告》，现货价格超过国家和地方有关文件明确合理区间上限50%的，如无正当理由，一般可视为哄抬价格、破坏市场稳定的行为。

不过我们必须清晰认识到，任何政策都不是万能的。能实现自主供应的大宗商品还可以依靠政府管理调节，对于依赖进口的天然气、石油、大豆、

> 拥有大宗商品的定价权意味着无论是买方还是卖方，可以对大宗商品的价格产生一定程度的影响。

玉米等则没有那么简单，终究要回到市场机制、国际大宗商品定价权上。

所谓大宗商品定价权，是指大宗商品进出口贸易的交易价格制定权。大宗商品以现货、期货和远期等方式交易，由于市场瞬息万变，国际大宗商品交易以期货市场的价格为基准，这个价格并不是时时都能反映市场的真实需求和供给，当拥有定价权的一方操纵价格时，将给其他国家带来成本压力，以及造成通货膨胀。

拥有大宗商品的定价权意味着无论是买方还是卖方，可以对大宗商品的价格产生一定程度的影响。

中国虽然是大宗商品最大进口国、最大购买方，但是并没有议价权或者大宗商品的定价权，被"买什么，什么贵；卖什么，什么便宜"的宿命深度绑定，长期承受着巨大的成本压力。因此，不少人担忧中国经济将受到大宗商品价格上涨的较大影响。

回顾历史，在21世纪初期，中国大豆曾经高度依赖美国进口。当时美国农业部突然将大豆库存大幅调低，加上国际市场上炒货行为的泛滥，使得大豆价格持续暴涨，让许多中国油商乱了阵脚。考虑到一时之间难以找到替代货源，油商们集资出海，以4 300元每吨的价格订购了800万吨大豆，而此前价格为2 300元/吨。可是仅仅在订购后不到一个月，美国农业部又宣布增产大豆，炒货商们也集体抛售，大豆价格暴跌到2 200元/吨，使得中国油商利益受损。

这是中国著名的大豆危机事件。订购的中国油商最后只能选择违约，除遭遇高额赔偿，也使得上千家企业破产，国际四大粮食巨头乘虚而入实施大规模收购，对中国大豆产业造成了致命打击。2014年，又再度出现过小规模的大豆进口集体违约事件。

在贸易中没有定价权，就只能任人宰割，这也让大宗商品定价权的争夺更有意义。

为应对各种意外或有意为之的危机，大宗商品产业金融应运而生，即将产业与金融融合，以产业来融资，进一步影响大宗商品的交易价格，改变市场结构。

大宗商品产业金融可以带来以下三点影响。

第一，能够促进大宗商品与产业发展的有效结合，互相促进。以生猪举例，中国并没有完善的生猪产业金融，融资渠道狭窄，养殖户抵御疫病等风险的能力较低，几乎每5年就要经历生猪价格大幅涨跌，只能靠中央储备来调节市场供给比例以平衡猪价。

第二，大宗商品产业金融可以对市场起到天然调节的作用，就像高楼大厦里的阻尼器一样，以金融手段平衡市场突发"台风"带来的晃动。

第三，越成熟的大宗商品，越国际化，运行的规律也会越有迹可循。了解和掌握这种规律，有助于规避极端行为带来的交易风险。以智利海啸举例，智利是全球最大的铜卖主，中国是全球最大的铜买主，当智利突发海啸时，铜价就会走高，而通过对铜价运行规律的认知和判断，可以帮助我们降低交易的风险。

目前全球经济正处于高通货膨胀的环境之中，在这种情况下，对于农业与工业生产有极大作用的大宗商品正在起到某种对冲作用。这意味着大宗商品在显现出生产要素属性的同时，作为投资品的金融属性也成为同样重要的一点。而大宗商品的金融属性上升也意味着，大宗商品市场与金融市场之间的界限会模糊化，两者的相互影响将会增大，大宗商品的商品属性将同时表现在需求渠道与投资渠道中。

大宗商品的金融化有弊有利，首先大宗商品的价格波动会传导至工业与农业之中，最终间接转嫁于实体行业与普通人之中。

在全世界大多数国家还没有走出新冠疫情的阴霾之时，俄乌战争点燃了大宗商品原油的强势上涨。战争带来了自20世纪70年代以来最为猛烈的大宗商品价格冲击，能源名义价格在2020年4月到2022年3月的涨幅达到自

1973年油价飙升以来的最高值。这样的状况给底层贫困人口带来了极为严重的打击，肥料价格的上升带来了农产品产量的减少，食品与能源的消费占比的上升压缩了贫困家庭的生活质量。

另外需要指明的是，大宗商品通常以美元计价，这意味着大宗商品的价格将受到美国相关货币政策的影响。目前美国国内通胀率来到了40年以来的高水平面，2022年5月的通胀率同比增长了8.6%，同时美国国内汽油价格也上涨了62%。为了应对美国国内的高通胀现状，现任美国总统拜登呼吁将采取更多必要的措施来抑制通胀，因此美联储的不断加息是可以预见的。2022年5月4日，美联储会议决定开始加息50个基准点，有更多的动作以降低通货膨胀。

国际资本因政策影响而减少后，会不断挤占市场的流动性而使得大宗商品的价格产生波动，出口大宗商品的地区或国家的债务违约风险将随之提高。

面对新冠疫情与地缘政治的不确定性，世界经济的恢复道阻且长。由大宗商品价格的波动将传导到金融市场，最终可能带来系统性的经济风险。吉林大学商学院、数量经济研究中心隋建利教授与其同事在研究中指出，国际大宗商品市场与中国金融市场在极端的历史时期，两者间的总体联动效应呈现出剧烈的波动性与"事件驱动"特征。例如，在新冠疫情之始的2021年3月，我国工业生产者出厂价与购进价格分别同比上涨4.4%和5.2%，特别是有色金属材料及电线类的价格上涨最多，达到了17.3%。

一方面，大宗商品的金融化有利于商品本身的快速流通，减少价格波动对大宗商品企业的压力。但另一方面使得大宗商品在面临价格上涨时，容易传导到衣食住行方面。2021年以来国内的大宗商品价格开始大幅上涨，就已经传导到了下游的家用电器、汽车制造等领域，进一步地，也引发了一定程度的物价上涨。

大宗商品的价格波动也引来了一些投机、炒作之人，使得大宗商品市场出现了虚假的繁荣。进一步地，大宗商品中的流通环节出现了虚假融资现象，通过虚假买卖合同掩盖企业间的借款行为。由于大宗商品价格的波动性，使得融资的风险加大，进一步增大了纠纷的可能性。

2021年6月17日，国家发改委发布了《重要商品和服务价格指数行为管理办法（试行）》，希望通过完善相关法律法规，进一步引导大宗商品市场的良性发展。

正视大宗商品的需求性与金融性有利于防范输入型通胀对国内市场的冲击，同时可以防范金融资本在逐利过程中忘记危险性，从而实现国内经济发展的平稳。大宗商品愈发金融化后，除了相关部门的严格监督，革新大宗商品供应链运作模式也是潜在的发力点。在大宗商品供应链中引入金融运作模式，实现传统金融主体、商业银行和企业的资源合理分配，从而提升各参与方的综合效益。我国在2017年提出了对供应链上下游进行资源控制的金融模式发展方向，并积极鼓励大宗商品企业与金融机构之间的合作。

总而言之，大宗商品对中国具有重要的战略地位，在有效的监督模式下，将大宗商品金融化，与金融产品相结合可以有效提升大宗商品相关企业与金融机构之间资源的合理分配，提高经济效益。通过完善相关法律法规，在预防系统性经济风险发生的基础上，对大宗商品产业的金融化进行探索，对中国经济的发展是有一定的积极意义的。

> 大宗商品对中国具有重要的战略地位，在有效的监督模式下，将大宗商品金融化，与金融产品相结合可以有效提升大宗商品相关企业与金融机构之间资源的合理分配，提高经济效益。

4.4 稀土金融与证券化再思考

世界著名金融学家、耶鲁大学金融与管理学教授威廉·N.戈兹曼在其著作《千年金融史：金融如何塑造文明，从5000年前到21世纪》中说道：在本质上，金融是一种做事情的方式。像其他技术一样，金融通过不断提高效率的创新得以发展。金融的本性并没有好坏善恶之分。

同时他还指出：金融的力量之所以能够影响世界历史上诸多重要的转变，是因为它能够让经济价值的实现在时间上提前或延后。

很多人对金融知之甚少，这也的确是一个庞大的学问系统。但是金融并不神秘，它是一种工具、一种手段，以货币的融通来调节经济结构、引导产业发展，以达成人们的目的。

首先，任何大宗商品在行业成熟稳定阶段，一定会有国际化、金融化的融合平台在为其服务（例如伦敦金属交易所）。黄金无论多么稀缺，当它绑定某种国家主权货币的时候，大国的实力通过国家货币无形中就在影响黄金价格的走势。稀土如何建立证券化、全球性的定价交易平台？中国是否可以通过稀土证券化、金融化这一工具，打造具有新时代中国特色的国际稀土大宗平台？这就是笔者近10年一直在思考的问题！

在建设稀土产品证券化平台以前，稀土行业的上下游厂家的短板是融资。其次，稀土如何建立证券化、全球性的交易定价平台？大多没意识到利用金融平台融资的重要性。我一直认为，稀土行业的企业家必须学金融、懂金融、用好金融工具，不能单纯埋头苦干，故此自己也一直投身于稀土证券化的事业中。

2010年以后，稀土产业对金融的探索逐渐增多，旨在借助金融的力量助力产业实现高速、高质量发展，更重要的是提升话语权和定价权，让稀土价格能真正体现其价值。

有着丰富稀土资源和强大稀土产业的内蒙古自治区就落实了不少金融相关动作。2016年8月，包头市稀土产业转型升级投资基金启动运行，计划募集资金总额66.6亿元，用于稀土产业转型升级相关项目。

2021年7月29日，内蒙古自治区首家中国银行稀土与科技金融特色支行在包头稀土高新技术产业开发区挂牌，这也是国内首家稀土特色银行，集稀土科技、稀土金融于一体。中国银行包头分行长期为当地稀土企业提供融资服务，该支行的成立将为稀土企业提供更专业的服务，打造"稀土＋金融＋科研＋企业"的发展模式，推动科技成果转移转化和产业化。

我们再来看稀土是否能证券化。在《征战中国稀土》中，笔者指出稀土证券化就是：把稀土氧化物的现货，通过有资质的第三方出具化验检测报告单，定量该批次的稀土氧化物的市场价格后，货主就可以通过交易所进行仓单质押，向银行融资，不论市场行情高低冷热都可以把现货实物变成流动的现金，这些仓单还可以放到交易中心现货电子盘进行每天买卖双方的交易。

过去稀土贸易企业都是通过双方直接议价，以现货和现金进行交易，但是经常会出现卖不出去或者有价无市的问题。稀土证券化可以让交易更加灵活，避免稀土贸易企业出现资金链断裂等经营风险。

2014年是稀土产业证券化投资的元年。包括稀交所、南交所、稀有金属交易所等都是一些有益的尝试。不过受各方面因素影响，在稀土贸易这块，确实还没有获得理想的结果。

> **2014年是稀土产业证券化投资的元年。**

以稀土期货看，上海期货交易所自2014年就与中国稀土行业协会在稀土期货课题方面开展合作，2018年又在北京签署战略合作框架协议，迄今仍是停留在稀土期货及其相关衍生品开发方面的研究共享中。广州期货交易或许能更快上线稀土产业特色品种。

笔者虽然认为目前推稀土期货有点早，但是十分认可稀土期货可以带来的利好。一方面，稀土期货的推出可以成为行业监测指标之一，即可为政府部门制定政策提供依据，也能为企业制定生产计划提供参考；另一方面，期货与现货交易结合，可以减小稀土价格涨跌对企业经营的影响；以及通过金融投资提升定价权。

在《征战中国稀土》中，笔者提出，以市场化手段来提升中国对国际稀土的话语权和定价权包括四个层面，其中一点就是呼吁建立稀土证券化交易市场，美国用石油美元获得了"工业血液"的定价权，中国同样有机会将人民币与稀土绑定攻下"工业黄金"的定价权。另外三点是提升技术实力和稀土产品附加值、提高资源税并增加开采成本，以及行业整合。六大稀土集团整合之后，现在已经是四大稀土集团了，行业的高度整合将让稀土交易更透明化，有利于遏制"黑稀土"再度蔓延。

对于建立国家级稀土交易、证券化平台，笔者有三点思考：第一点是如何立足央企、激活民企、结合行业，以这三股力量来打造平台。央企控股是必要的，民企也一定要参与，还要有行业的头部企业，在稀土产业必须强调国家的主导意识，同时兼顾市场的运行机制。

第二点，如何适度地开放。境外投资者能否参与交易？可以参与的度是多少？要不要像证券市场那样地开发交易？这个度需要去思考。

第三点，如何利用稀土交易平台理性助推稀土行业发展。这里面要解决两个问题，一是平台的公平性、公益性、市场化三个属性要强化，才能杜绝过去单边市场产生的贸易商囤货行为；二是遏制价格波动对下游的负面影响，不能大涨大跌。

综上所述，笔者认为稀土与黄金、白银一样具备稀缺性，同时在产业运用中用途广泛，中国作为稀土产业大国，有责任、有能力、有气度、有魄力在全球稀土产业版图中担当重要角色，适时尝试推出稀土大宗商品的定价权、交易平台，应该是未来中国在稀土产业发展中引领全球的一个重要平台之一。

拓展阅读

吴海明：《伟大的博弈》对中国资本市场发展及推动中国经济崛起的启示

参考文献

[1] 郝继伟. 大数据背景下的国家战略物资储备管理能力提升研究[J]. 洛阳理工学院学报(社会科学版), 2021, 36(6): 37-41.

[2] 国家国防动员委员会综合办公室. 关于国家实行战略物资储备和调用制度及组织实施的有关规定[J]. 国防, 2012(12): 68-69.

[3] 吴海明. 征战中国稀土[M]. 成都: 西南财经大学出版社, 2015: 199-200.

[4] 吴海明. 一代材料会诞生一批伟大的企业[J/OL]. 凤凰视频. https://news.ifeng.com/c/8ASsYSVWbi9. [2021-10-19].

[5] 国家统计局. 国家统计局新闻发言人就2022年4月份国民经济运行情况答记者问[EB/OL]. http://www.gov.cn/xinwen/2022-05/17/content_5690866.htm. [2022-05-16].

[6] 国家发改委. 国家发展改革委举行5月份新闻发布会[EB/OL]. http://www.scio.gov.cn/xwfbh/gbwxwfbh/xwfbh/fzggw/Document/1724539/1724539.htm. [2022-05-17].

[7] 隋建利, 杨庆伟. 国际大宗商品市场与中国金融市场间风险的传染测度与来源追溯[J]. 财经研究, 2021, 47(8): 16.

[8] 威廉·N. 戈兹曼. 千年金融史: 金融如何塑造文明, 从5000年前到21世纪[M]. 北京: 中信出版社, 2017.

第 5 章
稀土未来发展九大预测

▮ **章节概要**

在这一章笔者将基于 2015 年以来走访、调研稀土企业，以及参加稀土行业活动和峰会获取到的信息，结合笔者在稀土行业的从业经验、投资经验，做出稀土未来发展的九大预测。

大约是从 2019 年开始，笔者频繁听到一句话："今年是过去十年最差的一年，但却可能是未来十年最好的一年。"最近经常听到的是："对于未来世界，最大的不变就是变化。"透过这些话语，笔者总能听出说者对未来的悲观。

这种情绪并非空穴来风，而是对所处环境的深切感受。我们就以新冠疫情看，2019 年年末暴发的时候，绝大多数人没想到直到今日其还影响着日常生产和生活。按理说以当前的医疗水平，再严重不过非典。

但是全球实际经受的疫情，不亚于一场残酷的战争，甚至远超战争。

2022 年 5 月 12 日，美国总统拜登发表声明称，100 万美国人死于新冠，这是悲剧性的里程碑，与美国 1775 年独立战争以来内部和外部战争阵亡人数的总和已经相差无几。

中国严格实施社会面清零政策，背后是无数次苦战。猛烈的传染势头，庞大的传染人群，每一次人流涌动的节点，控与防、集与隔、医与治，任何一道指令与决策都牵动着亿万人民的心。虽然看不到刀枪剑影，虽然没有炮火连天，但是一张张医护人员疲惫不堪的身影，一个个医护人员被感染的消息，都在揭示着这场阻击疫情战争的惨烈。

不过笔者相信，冬去春会来，昨天终究会过去，疫情终究会成为历史上的"那一次"。一次疫情肯定阻挡不了泱泱大国的经济车轮，但是一次疫情的背后会让我们看清许多产业的短板，同时也看到了未来许多的机会与希冀。

> 当前正处于科技创新引领世界的时代，新材料作为最底层的产业，将持续赋能各行各业的高速和高质量发展，以稀土为代表的新材料品类会发挥不可估量的作用。

弱者，更看重现在；强者，更关乎未来。

当前正处于科技创新引领世界的时代，新材料作为最底层的产业，将持续赋能各行各业的高速和高质量发展，以稀土为代表的新材料品类会发挥不可估量的作用。在政策的引领下，稀土产业持续拓展的应用方向正是中国经济前进的方向。高科技创新离不开稀土，世界每六项发明就有一项与稀土有关。

作为储量和产量大国，中国始终注重最大限度地发挥稀土价值，围绕可持续发展和材料强国主线，稀土全产业链未来发展将越发重视生态与发展的平衡，以政策为引导和市场化带动持续完善产能分配，不断提高生产效率和下游应用水平。同时为拿下国际定价权，稀土期货一定会推出，相关的证券化布局也会持续不断完善。

> 高科技创新离不开稀土，世界每六项发明就有一项与稀土有关。

我们知道，世界是持续不断在变化的，当我们身处其中时会觉得这种变化很难把握，但若是跳出来会发现任何变化都有其逻辑。就像下面的九大预测，它们是基于当下蛛丝马迹的判断，也是稀土产业由大到强的成长必经路径。

5.1 稀土将成为中国特色的国际大宗商品

稀土作为全球重要的资源类金属，目前国内的稀土产品交易绝大部分是通过"稀交所"公开挂牌交易完成的，属于行业内比较特殊的现象。但是，随着稀土产业纵深发展，这种单一性、相对封闭的交易模式也会跟随时代的需要而发展。

稀土未来作为中国特色的国际大宗商品，如何走进国际市场？如何融合国际需求？如何稳定发展稀土产业？其重要的定价权、交易模式、金融属性一定会以一种适合中国国情、适应国际规则、具有中国特色的形式出现在未来的舞台上。

另外不得不提中国稀土集团的成立。赣州稀有金属交易所的股权是划入中国稀土集团的，作为"十四五"时期新成立的稀土大集团，中国稀土集团必将从产业应用端、产业金融端担起新时代稀土产业发展壮大的重担。

5.2 指标管控及行政手段淡化,市场化融合将逐渐主导

早期稀土产能分散,企业互相压价,导致稀土产品被贱卖,出口十分混乱。为了规范出口秩序,中国于 1998 年开始实行稀土产品出口配额制度,并逐步降低稀土出口退税;2006 年中国对稀土的贸易政策由促进出口为主转变为严格的出口管理,措施包括对稀土出口产品分类征收关税,禁止部分稀土产品出口,逐步紧缩出口配额等。这些出口管理措施对控制稀土的出口起到了一定作用,推动了稀土行业的健康发展,同时不可避免地触及以美日欧为代表的进口方的资源需求利益。

WTO 败诉后,中国在 2015 年取消稀土出口配额限制。虽然这是迫于压力,但是基于多年的治理,确实也已经到了可以取消配额制度,转向以市场化的力量来推进行业发展的时候。

工信部从 2012 年开始,对国内的稀土开采、稀土分离两个行业进行了规范化管理及指标管控,对每年国内开采及冶炼分离的稀土进行总量控制并采取分批下达制进行宏观调控管理,已经从源头控制住了稀土的私挖滥采。2013 年以后,南交所、稀交所等几家稀土产品交易所的先后成立,就是市场化运作的重要表现,促进了更加规范、有序的稀土市场流通秩序的建立,也是真正能产生"中国稀土价格"的关键举措。

2021 年 1 月 15 日,工信部公开征求对《稀土管理条例(征求意见稿)》

的意见，也标志着中国对稀土行业监管将有规可循，有法可依，大可以逐步放开行政管控。

从目前国内六大稀土集团的整合效果来看，私挖滥采的现象基本得到遏制，市场流通的"黑稀土"基本肃清。结合工信部未来正式核准颁发《稀土管理条例》来看，指标管控和下达制及国调资金对稀土价格的行政化干预会逐渐减少，中国稀土行业的发展也将逐渐遵循《稀土管理条例》的要求逐步进入市场化、法制化的轨道。

我们知道，市场经济是由国家宏观调控和市场调节"两只手"共同发挥作用的，俗称"看得见的手"和"看不见的手"。稀土行业过去问题较多，依赖行政手段和税收等经济手段治理和整合，如今行业生产经营逐渐规范，大稀土集团维护着市场秩序，供需关系相对良性，下游快速增长的需求让稀土市场活力和潜力不断释放，也是时候发挥市场调节的力量了。

另外从稀土开采、冶炼分离指标管控看，随着全球产业绿色转型，以及新能源汽车和人工智能、机器人等新兴产业的发展，稀土下游应用需求不断攀升，也应该要弱化管控的力度。

过去市场只能跟着指标走，有多少指标就只能做多大事，既然经过整顿和规范，稀土产业已经愈发健康发展，也应该适时地去配合市场的需求，让指标跟着市场跑。

5.3 稀土下游功能组合应用将出现爆炸式增长

正如人工智能＋、物联网＋、5G＋，稀土同样具有赋能增效的作用，在新一轮科技革命与产业变革中，稀土下游功能组合应用以"稀土+X"的形态推动着各行各业的转型升级，以及新旧动能的转换。

稀土下游应用的功能组合，也可以理解为稀土下游应用的模块化、模组化，叠加数字化和智能化，集合稀土新材料的某些功能将形成产业发展的一大亮点。

当前稀土下游应用覆盖的产业十分广泛，其中以稀土功能材料用量最大、覆盖面最广，包括新能源汽车、新型显示与照明、工业机器人、电子信息、航空航天、国防军工、高端装备制造等。

稀土功能材料种类也比较多，包括稀土永磁材料、冶金和机械、石油化工、玻璃陶瓷、储氢材料、发光材料、催化材料、抛光材料和农业轻纺等。从市场应用及活跃度来分析，未来稀土下游应用将受益

> 稀土功能材料与下游产业巨头的联合研发及应用，也将会打开稀土新材料应用的广阔天地，特别是在新能源汽车、电子信息、人工智能、民用无人机等方面，稀土新材料与下游产业应用商的联合开发、模块化开发，将会出现爆炸式增长。

于功能组合运作的研发，例如磁钢延展至微电机、微电机驱动光学器件、伺服电机驱动工业机器人、传感器数据驱动电机等这些技术耦合。

稀土功能材料与下游产业巨头的联合研发及应用，也将会打开稀土新材料应用的广阔天地，特别是在新能源汽车、电子信息、人工智能、民用无人机等方面，稀土新材料与下游产业应用商的联合开发、模块化开发，将会出现爆炸式增长。

"稀土 +X" 与下游产业的交叉融合，也会对人才提出新的要求，复合型创新人才的培养需要受到教育体系的重视。

5.4 稀土永磁龙头企业创新能力大幅提升

稀土永磁，被视作 21 世纪可以比肩新能源汽车高增长的赛道。无论是"十四五"规划，还是"双碳"目标，带动的新能源汽车、工业电机、风力发电、人工智能等产业的发展，都会让稀土永磁行业迎来高景气、高速发展的黄金时代。

东方财富收录 54 支股票形成的稀土永磁概念股（BK0578），截至 2022 年 7 月底流通市值接近 1 万亿元。几只稀土永磁龙头股票，在近两年更是频频获得机构重仓。

如此大的魅力来自什么？

我们先来了解什么是永磁材料。所有物质都是有磁性的，永磁材料指的是磁化后去掉外磁场，能长期保留磁性，能经受一定强度的外加磁场干扰的功能材料。永磁材料可以实现电信号转换、电能/机械能传递等重要功能，"磁生电、电生磁"讲的就是磁电共生关系。

稀土永磁材料则是一类以稀土金属元素 RE（Sm、Nd、Pr 等）与过渡族金属元素 TM（Fe、Co 等）所形成的金属间化合物为基础的永磁材料，可使器件在体积和质量下降的同时性能大幅提升，是永磁材料中的"王炸"，应用于汽车、轨道交通、家电、工业电机、医疗、风力发电、消费电子等领域。

在稀土产业链中，稀土永磁材料产业链上游是稀土矿开采、稀土冶炼和分离，下游是汽车等终端应用领域。稀土永磁材料是稀土功能材料最广泛应用、最具价值的材料，占比60%左右，也是稀土下游应用占比最大的部分，"双碳"目标下还将迎来极为可观的增长。

需求的带动加上行业本身进入的门槛高、客户黏性强，成就了不少稀土磁材企业。当前，稀土功能材料上市公司已超20家，其中稀土永磁材料龙头上市公司有：中科三环、正海磁材、大地熊、宁波韵升、金力永磁、英洛华、安泰科技、横店东磁、北矿科技以及银河磁体等。我国是全球最大的稀土永磁产品生产国，近年来产量基本保持在全球总量的90%以上。另外根据弗若斯特沙利文的预测，2025年我国及全球的稀土永磁材料产量将分别达到28.4万吨和31.0万吨，预计未来全球高性能钕铁硼供给增量或主要集中在中国。

稀土永磁材料经过不断的迭代，已经发展至第三代，以钕铁硼永磁材料为代表，同样应用非常广。

接下来重点介绍钕铁硼永磁材料企业，这些企业目前集中分布在浙江宁波、京津地区、山西、内蒙古包头和江西赣州等地。钕铁硼永磁材料全国生产企业有200多家，但是产能两极分化严重，万吨以上规模的以上市公司为主，多数年产能在2 000吨以下，这里介绍金力永磁、正海磁材、宁波韵升、中科三环、英洛华、大地熊、横店东磁几家龙头企业。

行业重大机遇下，打开新的增长空间的同时，也让稀土永磁企业的创新能力、技术能力、产能供给能力面临更大考验。

1. 金力永磁（300748）

金力永磁专注于研发、生产和销售高性能钕铁硼永磁材料，公司总部所在的赣州厂区目前是国内单厂产能最大的高性能稀土永磁材料生产基地，具备年产15 000吨毛坯的生产能力，并在轻稀土主要生产地内蒙古包头建设了高性能稀土永磁材料基地。

在风力发电、节能变频空调、新能源汽车这三大应用领域，金力永磁占据着较高的市场份额，客户包括特斯拉、比亚迪、上汽集团、蔚来、理想汽车、美的、格力、金风科技和西门子歌美飒等。根据弗若斯特沙利文的报告，金力永磁2020年使用晶界渗透技术生产4 111吨高性能稀土永磁材料产品，于晶界渗透稀土永磁市场中排名世界第一，约占21.3%的市场份额；2021年，公司使用晶界渗透技术生产6 064吨高性能稀土永磁材料产品，累计生产高性能稀土永磁材料10 325吨。

晶界渗透技术是金力永磁核心竞争力之一，目前公司已掌握以晶界渗透技术为核心的自主核心技术及专利体系，包括晶界渗透技术、配方体系、晶粒细化技术、一次成型技术、生产工艺自动化技术以及耐高温耐高腐蚀性新型涂层技术，并已就晶界渗透技术申请多项国内外发明专利授权。该技术可以通过减少中重稀土的用量维持磁材产品的高性能。

此外，2021年12月，金力永磁领衔合作的"耐高温、低重稀土高性能稀土永磁材料关键技术研究及产业化"项目，荣获中国稀土学会和中国稀土行业协会联合设立的稀土科学技术奖科技进步类一等奖，评价结论是达到国际领先水平。

伴随着高性能钕铁硼永磁材料下游需求的增长，金力永磁已在战略性扩产中，投资了赣州、包头、宁波的工厂。

另外值得一提的是，金力永磁在2022年获得了由国际公认的测试、检验和认证机构SGS颁发的PAS 2060碳中和达成宣告核证证书，这意味着公司已经实现有效的低碳生产。

2. 正海磁材（300224）

正海磁材深耕于高性能钕铁硼永磁材料领域，能够批量生产当今世界顶级的58N、55M、56H、56SH、54UH、51EH等8个系列60多个标准牌号的高性能钕铁硼永磁产品。2021年，正海磁材已具备年产16 000吨的生产能力，至2022年底具备年产24 000吨的生产能力，并将根据下游需求在2026年前达到 36 000 吨的生产能力。

正海磁材拥有正海无氧工艺（ZHOFP）、晶粒优化技术（TOPS）和重稀土扩散技术（THRED）三大核心技术，其公司产品应用覆盖率在 80%~90%。截至 2021 年，包括欧美日韩等海外地区，公司共拥有已授权和在审中的发明专利 150 余件，技术实力达到国际先进水平。

根据正海磁材 2021 年财报，公司也在布局晶界扩散技术在新能源汽车领域的研究应用，目前在中试阶段。

3. 宁波韵升（600366）

宁波韵升于 1995 年进入稀土永磁材料行业，在宁波、包头有两大生产基地，具有年产坯料 12 000 吨的生产能力。

入局行业较早，宁波韵升参与了不少重要工作。在钕铁硼永磁材料领域曾先后承担了 5 项国家科技部"863 计划"项目、6 项"国家火炬计划"项目，并曾独立承担 3 项国家重点新产品项目及 1 项工信部的"高性能稀土永磁材料产业化"重大科技成果转化项目。同时公司曾主导或参与完成了 8 项国家标准的起草工作。

宁波韵升自主研发的高性能稀土永磁材料、制备工艺及产业化关键技术项目及稀土永磁产业技术升级与集成创新项目曾先后两次获得国家科学技术进步二等奖；硬盘音圈电机磁体产品曾获工信部颁发的国家制造业单项冠军。在稀土产品配方、一次成型技术、工艺自动化技术、晶界扩散技术、重稀土减量化控制技术、高材料利用率加工技术、环境友好表面防护技术等方面，宁波韵升持续获得专有技术突破，并申请了专利保护。

4. 中科三环（000970）

中科三环是比较老牌的磁材企业，主要从事钕铁硼永磁材料及其他新型材料、各种稀土永磁应用产品的研发、生产和销售，包括烧结钕铁硼和粘结钕铁硼，是国内产量和销售收入最大的企业。

中科三环技术人才涵盖了金属材料、物理、化学、机械、电机、自动化等各个学科领域，形成了一支具有深厚理论功底的研究团队和技术创新的中坚力量，研发项目紧密围绕稀土永磁产业技术发展趋势展开。

其中在烧结钕铁硼磁体研发方面，晶粒细化、晶界扩散技术和晶界调控技术等重稀土减量化技术已经广泛应用于批量生产，降低了重稀土铽和镝的用量，从而降低了产品的原材料成本；在粘结钕铁硼磁体研发方面，公司研发成功大型真空快淬设备和配套生产线，实现了高性能快淬钕铁硼磁粉的稳定批量生产，其性能达到国际先进产品的同等水平。

中科三环也多次承担国家"高档稀土永磁钕铁硼产业化""高性能稀土永磁材料、制备工艺及产业化关键技术"和"新型耐高温、高矫顽力稀土永磁材料"等"863"重大科研项目，在国内钕铁硼理论研究和高档产品开发方面，一直处于领先地位，并得到高度认可，所获荣誉包括：国家科技进步一等奖（1988年）、国家"863"产业化基地（2000年）、国家认定企业技术中心（2006年）、国家科技进步奖二等奖（2008年）、北京市科技进步奖一等奖（2008年）、国家新政实施后的首批高新技术企业（2008年）等。

从技术层面来看，中科三环在研究开发与产业化推广水平方面基本与日本企业同步。

5. 英洛华（000795）

英洛华主要从事钕铁硼磁性材料和电机系列产品的研发、生产和销售，是国内最早生产钕铁硼永磁材料的企业之一。历经30多年的发展，英洛华同时具备研发和生产烧结、粘结两种工艺的高性能钕铁硼永磁产品的能力，拥有成熟的材料生产、加工制造、表面处理等完整的生产线。

目前英洛华累计已有有效专利近2000项，磁材器件业务着重对无重和低重稀土高性能材料生产、晶界扩散工艺、高丰度稀土应用、智能家电高速转子等技术进行更深入的研究和开发，成功开发出新能源汽车用的和空调压缩机用的高性能牌号，全面推行高性能牌号产品的晶界扩散工艺生产，晶界扩散产品全年产量超1 000吨。铈（Ce）磁体开发成功，可实现中低端领域多配比调控，多领域拓展。

6. 大地熊（688077）

大地熊成立于2003年，总部在安徽省合肥市，专注于高性能烧结钕铁硼永磁材料业务、橡胶磁和其他磁性制品业务两大板块，为保证原材料的供应，与北方稀土成立合资公司。

大地熊是国内领先的钕铁硼永磁材料生产商，其生产的高性能烧结钕铁硼永磁材料被称为"磁王"品种，相较于粘结和热压生产工艺，烧结钕铁硼以优异性能实现了高产量和广泛应用。大地熊产品下游应用领域覆盖汽车、工业电机、消费类电子、白色家电等，客户包括德国大陆、舍弗勒、耐世特、巨一科技、精进电动、双林股份、中国中车、西门子、百得、牧田、松下等。

目前技术研发方面，大地熊拥有全过程气氛控制、新型磁场取向成型、晶界扩散调控、绿色高效表面防护、钕铁硼磁体再制造等关键技术。同时作为行业龙头企业之一，大地熊获批安徽省稀土新材料产业创新中心，2021年还牵头承担和参与"十四五"国家重点研发计划"稀土新材料"重点专项，并多次主导制定稀土永磁行业规范。

7. 横店东磁（002056）

横店东磁创立于1980年，坐落在浙江省东阳市，目前公司业务聚焦于磁性材料+器件、光伏+锂电两大产业板块相关产品的研发、生产、销售。

在磁性材料产业方面，横店东磁深耕超40年，是国内规模最大的铁氧体磁性材料生产企业，2021年具有年产20万吨铁氧体预烧料、16万吨永磁铁氧体、4万吨软磁铁氧体、2万吨塑磁的产能，业务经营稳健。数十年耕耘，横店东磁客户多是头部企业，包括华为、特斯拉、三星、格力、美的、博世、博泽、松下等。

在技术创新层面，横店东磁目前已经建立了国家级企业博士后工作站、国家磁性材料技术中心、省级重点企业研究院等，在磁性材料领域经常主导制定国际和国家标准。2021年，公司持续以创新巩固行业地位，实现了永磁超高内禀永磁铁氧体磁瓦产品、软磁DMR96系列材料、塑磁A0063931耦合器磁环等产品的量产。

综合来看，这些稀土永磁材料龙头企业正在围绕着提升钕铁硼性能、提高材料利用率和制备技术、挖掘磁体的性能潜力等方面努力，以提高生产效率、降低成本。同时在这个过程中，它们越来越重视专利保护，这也是中国频频被痛击的一面。

事实上，全球稀土永磁材料专利一半以上掌握在日本手中，而且基本是核心技术。凭借掌握的专利技术，日本进行大规模专利交叉许可，没有获得授权的话，中国企业出口相关产品是存在侵权风险的。

目前我国稀土分离技术日益成熟，不断用于新产品提升附加值成为稀土产业发展的重点，一批批稀土关联新技术、新材料、新产品不断被开发出来。在此关键时刻，稀土企业要积极在稀土关联高附加值产品方面进行专利布局。未来的5~10年稀土行业将迎来高附加值产品高速发展的时期，一批稀土永磁企业正从技术授权到模仿再走向独立创新，一大批自主创新的核心技术也将被中国的稀土企业掌握并申请专利保护。

可以预见未来10年，中国稀土新材料行业技术水平一定可以在国际上处于领先、领跑位置。那时，我们卖的不再是资源，而是高科技含量、成熟的技术实力。

5.5 稀土冶炼分离及钕铁硼胚料产能优化缩减

根据工信部和自然资源部每年下发的稀土开采和冶炼分离指标，开采指标与冶炼分离指标总是相差不大，而且冶炼分离指标会略低于开采指标，因为冶炼分离部分的产能还包括综合回收利用和进口部分。

但是实际上，稀土产业由上至下传导的产能类似于喇叭形，上游的开采指标与实际冶炼分离产能相差巨大。据不完全统计，中国的稀土冶炼分离企业产能高达 40 万吨，而工信部和自然资源部每年下达的冶炼分离指标从 2013 年 9 万吨到 2021 年也仅增加到 16.2 万吨。

之所以有这样巨大的差异，是因为过去数十年，各地政府对稀土产业的招商政策不一，不少地方为了引进稀土企业落户，拿出稀土采矿核准等多个配套政策，导致江西、广东、广西、山东、内蒙古、四川等地方都有大量的稀土冶炼分离项目落户。

但是后来国家参与整治和规范后，组建六大稀土集团对稀土产业发展进行有效归口及整合发展，严格的指标管控下，意味着全国有超过一半多的稀土冶炼分离生产线处于闲置状态。这些产线必须关停、整改，不然会造成极大浪费，也会让"黑稀土"有天然的运作环境。

除关注生产线的状态，稀土冶炼分离企业还存在着较多的高耗能、高污染的工艺流程。

坐拥丰富轻稀土资源的北方稀土采用的三代硫酸法高温冶炼分离工艺已经较为成熟，操作简单，可以批量化生产。但是使用该方法对稀土进行冶炼分离的过程中容易产生大量的废气、废液等，诸如二氧化硫、三氧化硫、氟、硫酸铵废水、硫酸镁废水、氯化铵废水、硫酸钙废水。工业上有将近90%的稀土冶炼分离采取硫酸法进行，对硫酸法的工艺进行革新有积极意义。

烧碱冶炼分离法相比于硫酸法更为环保，因此也使其成为多金属混合稀土矿的冶炼分离方法之一。烧碱冶炼分离法的主要工艺核心是通过酸和碱的交替使用，达到目标化合物的获取。草酸是稀土冶炼分离行业中最常用的沉淀剂之一，其优点是在沉淀稀土中金属元素的同时还能分离出稀土和非稀土元素。不过草酸沉淀法虽然效果好，但是它所带来的对环境、人体的伤害不可忽视，草酸较为高昂的售价也是制约其进一步应用的关键之处。

对于南方离子型稀土矿，常见的工艺流程是使用盐酸溶解稀土矿，即先使用有机溶剂P507和盐酸联合萃取目标化合物，再用草酸与碳酸氢钠沉淀目标化合物。

无论哪种工艺流程，都会大量使用水资源，这就意味着大量的废水产生。而且有些化工操作过程的废水一般不经过循环利用，处理达标后便排放，如除杂和萃取过程便是如此，这是存在水资源利用不合理问题的。2012年，国务院下发了《国务院关于实行最严格水资源管理制度的意见》，以督促各地方政府严格控制总用水量、污水量和用水效率等。完善我国稀土产业的取水定额国家体系，将有利于促进我国稀土产业的升级完善，使相关企业自主淘汰落后产能和落后的设备，改进冶炼分离过程中不合理的工艺。

所以，在保证稀土资源合理开发的同时，还必须注重生产工艺的不断提升和改进。

目前受益于较为严格的稀土开采、冶炼分离指标管控，稀土产业链上游产能浪费还不算严重，但是在深加工环节，稀土永磁存在较大的产能过剩问题，以中低端钕铁硼磁体为主，应用在磁吸附、磁选、门扣、玩具等领域。

钕铁硼永磁材料可以分为烧结型、热压型、粘结型。烧结型钕铁硼永磁材料具有较高的使用温度与高磁性，号称"磁王"，应用最广泛；热压型钕铁硼永磁材料的致密性好、耐腐蚀性高；粘结型钕铁硼永磁材料的造价较烧结型钕铁硼永磁材料低，体积小、磁场均匀。目前钕铁硼永磁材料的制作工艺过程，各环节均容易产生一定的废弃物与废料，加工过程中损耗较大，成本较高。

钕铁硼永磁材料的合成占到稀土原料消耗的三成，而且当前钕铁硼永磁材料的需求越来越大。如何集约利用国家每年核准的稀土采矿及冶炼分离指标，引导产能从粗加工到精细化、产业运用对接融合方向发展，成为日后钕铁硼产业发展的方向。

另外除依靠稀土矿开采，废料中稀土元素的回收与钕铁硼永磁材料制造工艺的革新对稀土资源的循环利用具有重要意义。新型钕铁硼的研究目标包括稀土的减量应用、重稀土元素在永磁材料中的应用、提升稀土的资源利用率等。如通过添加重稀土元素与晶界扩散技术等方法，可以使钕铁硼磁体磁性增强的同时，对重稀土元素的依赖性也不会过高。

根据《2019年中国钕铁硼市场分析报告——行业运营态势与发展趋势》，高端钕铁硼产业存在技术壁垒、非标准化产品的制造壁垒、资金壁垒、客户黏性壁垒、品质认证壁垒、人才壁垒等问题，攻克难度偏高。但是在不久的将来，随着碳达峰及环保政策的收紧，粗放式的烧结钕铁硼产能肯定会适度淘汰，高端钕铁硼产能将伴随稀土永磁材料的迭代延续递增并深度发展。

在下游需求增长高，上游稀土产品涨价带来的一定成本压力下，目前稀土永磁龙头企业正在积极探索以技术创新来降低稀土用量，尤其是稀缺的重稀土用量。大地熊最新研发的低重稀土系列产品，实现了重稀土用量平均降幅5%左右，并实施了废旧烧结钕铁硼磁体的回收再生，已经做到回收的磁体性能达到正常磁体的98%以上。

5.6 国家逐渐放开重稀土的开采

我常说全球依赖中国稀土，实际上我们也有依赖于别人的地方。中国重稀土一半左右原材料依赖于从缅甸进口，我们每年的中重稀土开采指标甚至不如从缅甸进口的多。

重稀土可以说是稀土中熊猫般的存在，储量相对较少，开采和分离的难度大，对环境污染也大。但是重稀土的价值不止于它的稀，还有应用价值，在高科技领域完全不可替代，尤其是在军事装备领域，轻量化、高性能、低功耗、耐高温等关键性质都离不开稀土材料的作用。

从目前全球已探明储量来说，中国重稀土的储量是十分可观的，美国军事领域也严重依赖于中国重稀土。但是我们从每年下发的开采指标可以知道，中国重稀土开采指标并不高，2013—2017年是1.8万吨，2018—2021年是1.9万吨，几乎没有什么增长幅度，几年才提一点，很难满足下游应用市场需求的增长，就连我们自己也需要从缅甸等东南亚国家进口。

之所以这么严格地控制重稀土的开采，有历史缘故。重稀土储量集中分布的赣州，过去私挖滥采严重，造成了极大的生态环境破坏，山林荒漠化，水污染也十分严重，所以2016年前后一直在关停修复，投入了不少资金实施环境恢复工作。

2019年，习近平主席到江西赣州考察后，对地区稀土产业发展表示高度肯定。随后中国科学院赣江创新研究院、中国稀土集团落地赣州，当地稀土产业转型升级发展提速。到 2022 年，赣南稀土矿山升级改造复产活动在定南县岭北镇三丘田稀土矿山举行，标志着赣南稀土矿山升级改造复产正式开启。

赣州之外，全国稀土采矿权证的发放也有所松绑。2022 年 7 月 11 日，广晟有色发布公告称，控股子公司新丰公司完成左坑稀土矿采矿权全部办证手续，已取得自然资源部颁发的《中华人民共和国采矿许可证》。新丰县左坑稀土矿区矿产类型为花岗岩风化壳离子吸附型矿床，离子相（SREO）资源量约 11.14 万吨，属于中重稀土，是广晟有色在采稀土矿山合计资源储量的 8 倍，大大增加了公司的稀土资源储量。

广晟有色此次获得的稀土采矿权证，也是自然资源部十多年来颁发的第一本证，此举意义重大，广晟有色股票当天也因此一字涨停。

经过数年的环保整治，赣南稀土矿区生态环境目前有了很大改善，重新复产一方面有利于满足日益增长的应用需求，另一方面也是为了应对缅甸等东南亚国家过度开采带来的市场冲击。

5.7 新能源汽车和人工智能产业将成为稀土永磁重点发展领域

中国稀土产业已经走过了 50 多年，但是稀土永磁目前面向的依然是增量市场。这一方面是因为稀土元素的开发是持续进行和持续突破的，它们的价值在持续地被发现；另一方面，新兴产业往往偏向于高科技、绿色可持续，具备"点石成金"、赋能增效的稀土，在新兴产业起到了关键原材料的作用。

从当下看向未来几年，新能源汽车和人工智能产业将成为稀土永磁重点发展领域，也就是最大增量市场所在。

在全球新能源发展和低碳环保政策推行下，能源转型已经成为各国共识。新能源汽车、风力发电、变频空调等行业迎来高速发展，高性能钕铁硼需求有望维持中长期高景气周期，应用场景也从传统的消费电子延伸到更多的新兴领域。

钕铁硼磁体是当前工业化生产中综合性能最优的永磁材料，具有体积小、质量轻和磁性强的特点，在多个领域尚无替代材料，而且价格与其他磁性材料相比处在中位数。我国"双碳"目标时代背景及研发技术的推进，将助力稀土永磁材料价值更加凸显。

而汽车行业作为稀土永磁材料应用的主要行业之一，传统汽车和新能源汽车合计占应用市场的50%左右。其中新能源汽车应用前景无疑是非常广阔的，它的井喷从马路上随处可见的绿牌得到了最好的证明。

根据《节能与新能源汽车技术路线图2.0》目标，至2025年国内新能源车目标渗透率20%，2030年40%，2035年50%。另外乘联会发布的数据显示，2021年全年新能源汽车零售298.9万辆，同比增长169.1%。渗透率已经达到14.8%。

另外弗若斯特沙利文的报告预测，到2025年，全球新能源汽车的高性能钕铁硼永磁材料消耗量预期将达到约3.75万吨，2020—2025年的复合年增长率约为30.9%。

人工智能产业的发展也会对稀土永磁材料有极大拉动作用。人工智能产业的核心硬件分为影像收集模组、数据储存输送及运算两大板块，其中影像收集模组中涉及的微电机就是高性能磁性材料的主战场。

2021年10月，由工信部、市场监督管理总局联合印发的《电机能效提升计划（2021—2023年）》提出，到2023年高效节能电机年产量达到1.7亿千瓦，在役高效节能电机占比达到20%以上，实现年节电量490亿千瓦时，相当于年节约标准煤1 500万吨，减排二氧化碳2 800万吨。采用稀土永磁材料生产的微电机更轻量化和小型化，能够有效节约材料，节约空间，可靠性也更高，在有效材料不变的条件下，单位功率的重量不断降低，是未来的发展趋势。

另外我们要明确，人工智能是一个赋能的产业，可以有人工智能＋制造业、医疗、教育、农业、金融、零售……作为底层支撑技术，人工智能在任何场景都能发挥价值，这对实体经济而言无疑是巨大的推力。根据艾瑞数据，人工智能赋能实体经济市场规模在2021年突破了1 000亿元。

单看人工智能＋制造业，这两者的深度融合，足以颠覆原有的生产流程。制造业原来的规模化、标准化的生产方式，在人工智能的应用下，可以变得更柔软，更富韧性，从而应对数字经济带来的挑战。

中国电子信息产业发展研究院指出，目前人工智能技术在制造业中，已经围绕人脸识别、机器翻译、大数据计算、智能语音交互、数据可视化、图像搜索等方面实现应用,既可替代人力,也可提高人的效率。这些改变将体现在数据上,埃森哲预估到2035年,人工智能技术的应用将使制造业总增长值(GVA)增长近4万亿元,年度增长率达到4.4%。

稀土永磁材料占人工智能产业链成本比例约15%,这个市场未来增长趋势将随着人工智能技术在城市更新、市政管理、智能家居、智慧城市、智慧交通等行业的发展而同步剧增。

5.8 钕铁硼废料及稀土磁材综合回收利用前景广阔

本节开篇需要再度指出，稀土是不可再生资源。不管目前已探明储量能用多少年，用完了就是真的没有了。

中国向来注重居安思危，作为稀土储量大国，我们在走向稀土强国的路上其实一直有两条关键副线并行：稀土开发环境保护和稀土综合回收利用。这两条副线，决定了中国稀土产业链能否实现可持续发展。

先来看稀土开发环境保护方面。最开始我们并没有这方面的意识和政策，落后的生产工艺和技术，叠加稀土在冶炼、分离过程中产生的大量有毒有害气体、高浓度氨氮废水、放射性废渣等污染物，稀土开发过程中严重破坏了地表植被，造成水土流失和土壤污染、酸化，出现大片的荒漠，农作物减产甚至绝收。

而且早期，稀土存在过度开采情况，在粗放式的经营下，内蒙古、江西等稀土矿密集区产生了大量的生态"创伤"区域，也造成了山体滑坡、河道堵塞和污染、突发性环境污染事件，甚至造成重大事故灾难。

没有绿水青山，哪有金山银山。以牺牲环境为代价换取稀土行业的发展必然不可行，这既是对珍贵资源的浪费，也是对国民生命财产安全的不负责，所以我国开始在这方面设置了严格的法律法规，要求稀土企业必须配套建设必要的环保设施。

部分环境破坏严重的矿山，在 2016 年左右几乎都停产整治，投入大量资金修复矿点，并建设尾水处理站等必要设施。那个时期，中国出口稀土获得的收益还不足以负担修复环境的支出，可以说付出了巨大的代价。

稀土综合回收利用方面，指的是对含有稀土的二次资源进行回收利用，其中包括了稀土永磁材料生产过程中产生的钕铁硼边角废料，也是回收利用企业主要原材料之一。目前稀土回收已经形成一个行业，拥有恒源科技（835952）、华宏科技（002645）、广晟健发（871223）等稀土回收上市公司。

钕铁硼永磁材料用途广泛，原材料在钕铁硼加工企业的生产成本中始终占据 70% 以上的比重，仅靠每年定额指标的稀土矿开采是不够的，而且稀土价格攀升也导致下游生产企业成本大幅提高，那么生产过程产生的钕铁硼边角废料回收就很有必要。

钕铁硼废料常可以分为干粉、磁泥、块片料。干粉来源于熔炼、制粉等生产过程，呈小颗粒的状态；磁泥来自于切割加工等操作；块片料来自于成型、烧结、表面处理、充磁等过程。中国每年因生产钕铁硼产生很多废料，这些废料之中又包含了大量的稀土元素。稀土回收料综合利用企业可以通过对钕铁硼废料进行回收、加工来生产再生稀土氧化物，并将稀土氧化物销售给下游稀土金属制造商。

全球低碳可持续目标的推动，给钕铁硼产业发展带来巨大机遇，相应也带来原料供应的压力，钕铁硼废料回收成为原料供应的重要补充。另外从整个生命周期来评估，二次利用带来的能源消耗和环境压力都低于矿产品生产的钕铁硼产品。

稀土原料中的 30% 用于生产钕铁硼永磁体材料，2017 年世界各国生产的 12.9 万吨钕铁硼中有 89.1% 就来自中国，而永磁体通常也会有使用年限，磁性会随着时间而下降，直至不符合使用规范，从而产生大量钕铁硼废弃物。随着新能源汽车的进一步普及，未来数十年的稀土废弃物也将逐年增长。

目前常用的钕铁硼废料回收工艺包括湿法回收工艺和火法回收工艺。其中湿法回收工艺较为成熟，常用于各种成分的钕铁硼磁性材料的回收当中，但是同时存在着试剂用量大、废液产生量大等问题；火法回收工艺是通过利用氧化还原反应，从而改变目标化合物的价态，最后进行高温回收的冶金过程。火法回收工艺相对于湿法回收工艺所产生的废液量更少，但是回收率较低，能耗较高。

随着稀土回收的重要性日益提升，在主流回收工艺上还有着较大的进步空间。发展循环经济，积极开展含稀土元素废弃物的二次回收工艺的改进，对于推动再生资源利用行业的进一步发展有重要意义。

> 随着稀土回收的重要性日益提升，在主流回收工艺上还有着较大的进步空间。发展循环经济，积极开展含稀土元素废弃物的二次回收工艺的改进，对于推动再生资源利用行业的进一步发展有重要意义。

全球各国一直都注重资源回收利用。西方发达国家的废弃资源综合利用起步较早，早在20世纪80年代中期，资源紧缺、环境恶化推进了西方发达国家对包括再生稀土资源在内的各种再生资源的循环利用。其中德国和日本两国的循环经济法律法规最为完善，并且这两国的循环经济在实施过程中都已经形成了完整的闭环，使得主要资源基本能够循环利用，保持了良好的生态环境。上述两国在法制基础上确立了循环经济的发展模式，取得了良好的经济效益、社会效益和生态效益。

美国也在鼓励稀土元素回收的相关研究。2015年，美国稀土公司与美国橡树岭国家实验室展开合作，将美国橡树岭国家实验室的一种膜辅助稀土萃取技术专利应用到稀土回收中，这项工作主要是从电子废弃物入手。对于美国而言，开展稀土元素回收的相关研究，有利于其摆脱单一的稀土进口模式，促进美国国内稀土产业链的自我完善。

我国再生资源利用行业起步相对较晚，仍处于起步阶段，再生资源回收体系尚不完善，还未完全形成集中收集、科学回收的体系，资源回收率不高，资源化水平不高，规模也较小。虽然近年来我国再生资源行业得到迅猛发展，但我国再生资源产生量和需求量与发达国家相比还有很大差距。我国再生资源发展还存在巨大的市场空间。

作为不可再生资源，随着损耗逐年增多，稀土废料回收利用行业在国家大力推动下近年一直处于上升阶段，尤其是随着指令性生产计划的实施，稀土原矿冶炼分离企业的生产被限制，稀土废料回收利用行业的产能爆发式上涨。

《稀土管理条例（征求意见稿）》中也有明确指出，鼓励和支持利用环境友好的技术、工艺，对含有稀土的二次资源进行回收利用。

另外钕铁硼废料及稀土磁材的综合回收利用前景还有一个重要推力——稀土永磁企业的扩产。伴随着新能源汽车行业的井喷，风力发电、工业电机等行业节能发展的需要，下游应用端对稀土永磁材料需求旺盛，稀土永磁企业基本处于订单饱满、满产满销的状态。面向持续增长的市场需求，扩产成为稀土永磁企业最新主旋律。

2020年7月，大地熊在科创板上市募资扩产，包括年产1 500吨汽车电机高性能烧结钕铁硼磁体建设项目；2022年2月，宁波韵升发布增发预案，计划募资在包头建设1.5万吨高性能稀土永磁项目；3月，中科三环配股上市，募资近7亿元建设宁波和赣州基地；6月，正海磁材宣布发行可转债募资扩产，聚焦于高性能稀土永磁体……

本来稀土开采和冶炼分离指标管控，每年增幅很小，稀土永磁企业大规模、批量扩产下，原材料从哪里来？

稀土来源包括三部分，国家开采指标、进口和综合回收利用。在国家管控指标不会大量开放、进口受地缘政治等各方面影响增幅有限的形势下，稀土综合回收利用自然要作为重要来源，支撑起稀土永磁企业的扩产需求。

当然，回收利用行业也有红线。为保证稀土行业健康发展，国家也在清理整顿不合法不合规的稀土资源回收利用项目。《关于清理规范稀土资源回收利用项目的通知》明确指出，凡建有稀土冶炼分离生产线的稀土资源回收利用项目均须由工信部核准，已被列入限批行业。以江西省为例，2014年后，政府没有新批稀土资源回收利用项目。

2019年1月颁布的《十二部门关于持续加强稀土行业秩序整顿的通知》也明确，对于资源综合利用企业，只能使用稀土功能材料或器件废弃料来进行生产工作。通过相关法律法规的完善，在一定程度上避免了企业以综合利用之名，实则进行冶炼分离的工作。

随着国家相关法律法规和政策的颁布实施，并且在稀土永磁行业的带动下，我国稀土回收利用行业已经逐渐开始走上正轨。

5.9 2030年稀土新材料产值突破万亿元

14亿人口，高集中度的市场，数不尽的万亿级产业在中国诞生。

作为原材料中比较高科技、前沿的新材料产业，2021年我国总产值超7万亿元，"内循环"带动下，具备技术实力和可观产能的新材料公司基本都挣得盆满钵满，预计到2025年，我国新材料总产值将突破10万亿元。

迄今，我国新材料产业已经形成齐聚分布，以环渤海、长三角、珠三角为代表。环渤海地区对稀土功能材料、硅材料、特种材料及前沿材料等较为重视，长三角地区关注新能源汽车、新型化工、航空航天、生物、电子信息等领域，珠三角注重电子信息、改性工程材料和陶瓷材料等的研发，侧重点不同带动细分材料各自形成产业集群，整体国产材料导入加速。

我国的目标很明确，在整个大材料领域建成材料强国。

那么材料强国的意义在哪？首先我们要明确，中国是一个制造大国，就像制造离不开原材料一样，高科技制造离不开新材料。

其次，世界百年未有之大变局的时代背景下，伴随着以中国为代表的发展中国家的崛起，世界经济重心正在加快自西向东转移，全球治理的话语权逐渐向发展中国家倾斜，向更加公正的方向发展；同时新一轮科技革命和产业变革正在重塑世界，未来世界文明多样性更加彰显，世界各国开放包容、多元互鉴成为主基调。

多层次、深层次的变局下，全球经济和产业走向同样需要寻求全新的突破，这样才能切实保证经济中心、治理话语权自西向东转移的足够顺畅。虽然这种趋势本身已经不可逆，但是中国的强大可以让趋势走得更顺畅。

新材料作为高新技术的先导、工业 4.0 的关键战斗力，会带动全球经济和产业走向更高层次，以及更远的未来。而我国如果建成材料强国，将帮助我们在下一场棋局中占领主导地位。

> 新材料作为高新技术的先导、工业 4.0 的关键战斗力，会带动全球经济和产业走向更高层次，以及更远的未来。而我国如果建成材料强国，将帮助我们在下一场棋局中占领主导地位。

最后，作为中国七大战略性新兴产业和"中国制造 2025"重点发展的十大领域之一，新材料是最具发展潜力的高新技术产业，是中国成为制造业强国的重要抓手。对于各地方经济的发展而言，同样需要抓手，新材料具备巨大的带动力，值得鼓励发展。

我们前面分享了不少千亿级的新材料城市，实际上小城市、小县城同样能受益于新材料产业的发展。

笔者的祖籍梅州市，是广东省的一个边缘小城市，2021 年生产总值为 1 308.01 亿元，在中国属于经济比较落后的地方。但是梅州市其实有自己的天然优势，矿产资源非常丰富。单就稀土来看，梅州市拥有离子吸附型稀土矿，主要分布在平远、丰顺、兴宁、大埔、五华等县（市），分布面积达 4 000 平方千米，具有类型多、品位高、易开采等特点，当地很早就开采稀土，目前已经形成稀土开采—冶炼分离—深加工为一体的完整产业链。

稀土产业之外，梅州市还有着铜箔、电声、陶瓷、印制线路板等发展相对稳定的产业，具备一定的材料类产业基础，大力发展新材料、智能制造、高端装备等工业经济，可以成为未来经济增长的重要抓手。

假设将梅州市的工业产能汇聚成战略性新材料这一强大的 IP，主动对接服务粤港澳大湾区成熟的消费类电子、新能源汽车、工业机器人、民用无人机、微电声磁钢、电池级材料等朝阳产业，将实现当地工业经济的快速发展，并形成新的经济增长引擎。

目前，梅州市工业发展存在的问题包括工业产值总量不够大、缺乏国家级技术及科技平台支撑、缺乏高精尖人才等，需要把握国家和广东省支持老区苏区振兴发展、融入"双区""两个合作区"和"一核一带一区"等多重政策叠加的重要历史机遇，整合资源优势，在粤闽赣苏区谋划"新材料、新经济发展区"，充分发挥本地得天独厚的稀土资源禀赋，大力发展高性能稀土永磁、人工智能集成模组、伺服电机、新能源电池级材料等高附加值的"新材料产业链"。

"十四五"期间，根据《梅州市稀土产业发展规划（2021—2025年）》，当地接下来将致力于实现稀土矿山规范、有序开采，稀土冶炼高效、绿色提取，打造绿色示范矿山、绿色示范工厂，同时在稀土新材料、元器件领域实现重点突破，目标到2025年，将梅州打造成全省稀土产业链最齐全、稀土产业链规模最大的重要稀土产业基地，全行业直接销售收入达到约50亿元。

一个小城市预计到2025年都能为稀土产业贡献约50亿元的营收，放眼中国整个稀土产业链，到2030年稀土新材料产值预计突破万亿元。

简单来做一个测算，2022年第一批稀土开采指标为10.08万吨，假设全年达到20万吨，冶炼分离产值按25万元每吨计算，上游产值就有500亿元；到金属氧化物可能达到25万吨，乘以80万元每吨，产值就有2 000亿元；再往下游工业电机、风力发电、新能源汽车等应用端辐射，产值估计达到5 000亿元。2022年整个稀土新材料产值预计达到7 500亿元，"双碳"目标下，下游应用端需求旺盛，以每年20%的增速计算，即使受到地缘政治、疫情等不确定因素影响，到2030年稀土新材料产值也必定突破1万亿元。

以工业电机应用看，按照国家《电机能效提升计划（2021—2023年）》，存量电机需要改造升级达到节能标准，新生产的工业电机也将以高效节能电机为主，稀土永磁电机具备的体积小、效率高、寿命长、能效提升15%以上等优势，将成为市场的必然选择。

工业电机包括了同步电机、压缩机、工业机器人、电动工具、直线电机等，前景广阔，已经是稀土未来需求增长最大板块之一，对钕铁硼永磁材料需求将大幅增长。存量电机替代加上新生产部分，预计到 2025 年我国工业电机带动氧化镨钕需求超 1 万吨。

再来看风力发电应用，"双碳"目标下，风电总装机容量肯定是要提高的，而风力发电机又是风力发电系统的核心部件。相较于双馈异步风力发电系统、电励磁直驱风力发电系统，易维护、长寿命、高效率的永磁直驱和半直驱电机会随着风电装机量的提升实现渗透率的提升，那么也会拉动高性能钕铁硼和磁组件的需求，预计到 2025 年我国风电发电设备带动氧化镨钕需求将超 7 000 吨。

新能源汽车应用是一个正在成长中的万亿元级市场，在全球愈发重视绿色低碳背景下，将成为主要的交通工具。根据工信部的数据，中国新能源汽车 2022 年产销分别达到 705.8 万辆和 688.7 万辆，未来几年仍将处于上行周期。

稀土功能材料在新能源汽车中有多重应用，包括驱动电机、尾气催化、电池等。一台新能源汽车使用稀土功能材料 8~10 千克，以高性能烧结钕铁硼永磁材料为主，越高端的车用量越大。随着全球新能源汽车销量的持续提升，对稀土功能材料的需求也将持续释放，预计 2025 年新能源汽车氧化镨钕需求将超 2 万吨。

作为新材料领域的重头戏之一、全球竞争的焦点之一，以及当代经济进步不可或缺的重要支撑，稀土新材料目前受到国家的高度重视。2021 年国家重点研发计划就包括了"稀土新材料"重点专项，涵盖多主相钕铁硼磁体重稀土极致应用关键技术研究、微特电机专用粘结磁体高性能化技术、多尺度功能基元构筑的高性能稀土永磁材料等共计 27 个项目。

位于合肥市庐江县的稀土永磁材料国家重点实验室，就长期致力于稀土永磁关键技术的攻克，已经完成高性能/超高磁性能烧结钕铁硼永磁材料、高热稳定性烧结钕铁硼永磁材料、高耐蚀性稀土永磁材料等产品的开发，大幅提高了磁体的耐高温性能、稳定性、环境适应性、磁性能和使用寿命。稀土永磁企业如大地熊、金力永磁、中科三环等，围绕提升产品性能、节约原材料成本等目的，也纷纷加大研发力度，通过技术创新提升竞争优势。

综合多个品类，目前我国在稀土新材料领域技术实力已接近世界先进水平，稀土永磁产量全球第一，在研发推动和下游应用市场高速发展影响下，稀土新材料产业必将爆发。

拓展阅读

吴海明：稀土产业的市值已经突破万亿元（竖版视频）

参考文献

[1] 中国电子信息产业发展研究院. 2020—2021年中国人工智能产业发展蓝皮书[M]. 北京: 电子工业出版社, 2021: 72-77.

[2] 掌上梅州市. 两会原声音｜市政协委员、梅州岭南稀土产品投资管理有限公司董事长吴海明: 以新材料为主线打造梅州工业IP[EB/OL]. http://y.meizhou.cn/zhengshi/p/121168.html. [2022-01-12].

中国稀土 30 年大事记

（1992—2021 年）

1992 年 1 月，改革开放总设计师邓小平在南方谈话中说道："中东有石油，中国有稀土。一定要把稀土的事情办好。"

1992 年 5 月 9 日，中国第一个稀土高新技术产业开发区在内蒙古自治区包头市开工兴建，这也是内蒙古自治区第一个国家级开发区。

1994 年 1 月 1 日起，稀土行业协会确定各稀土企业将执行稀土出口产品新的统一价格。

1997 年 9 月 24 日，"稀土高科"（现名为"北方稀土"）在沪市主板上市，成为首家稀土行业上市公司。

1997 年，美国逐步关闭芒廷帕斯矿，开始从中国进口大量的稀土及稀有金属。

1998 年，中国政府开始实施稀土产品出口配额制度，并把稀土原料列入了加工贸易禁止类商品目录。

1999 年 1 月 28—30 日，时任总书记江泽民到包头市视察，指出稀土是重要的战略资源，要搞好稀土应用开发，把资源优势转化为经济优势。

1999年10月15日，"中国稀土"在港交所上市，是稀土行业首个境外上市案例。

1999年11月28日，内蒙古稀土集团公司正式挂牌成立，实行内蒙古自治区稀土资源统一经营管理。

2000年，中国开始实施严格的稀土开采配额制度，以省份或企业发放，配额以外的开采变为非法，同时限制颁发新的开采许可证。

2002年1月15日，国家发展计划委员会（现国家发展和改革委员会）公布《中国稀土工业"十五"发展规划》，以促进中国稀土工业健康发展。

2002年8月1日，国家发展计划委员会发布《外商投资稀土行业管理暂行规定》，禁止外商在中国境内建立稀土矿山企业，不允许外商独资举办稀土冶炼、分离项目（限于合资、合作），同时鼓励外商投资稀土深加工、稀土新材料和稀土应用产品。

2005年5月1日，中国政府取消了稀土出口退税，压缩了出口配额企业名额。稀土产品出口退税政策是从1985年开始执行的。

2005年9月23日，国务院发布《关于全面整顿和规范矿产资源开发秩序的通知》，将保护性开采特定矿种从离子型稀土矿扩展为国内所有稀土矿。

2006年4月，国土资源部（现自然资源部）开始停止发放稀土矿开采许可证，开始了对稀土矿的开采、加工和出口的调控，实施稀土开采总量控制。

2007年1月，国家发展和改革委员会（简称"国家发改委"）发布的《"十一五"资源综合利用指导意见》明确，加强稀土金属矿资源综合利用和复杂难处理贵金属共生矿在选矿和冶炼过程中的综合回收和综合利用。

2007年6月1日，中国开始对稀土产品加征出口关税，税率为10%。

2007年12月1日，《外商投资产业指导目录（2007年修订）》正式实施。目录中"钨、钼、锡（锡化合物除外）、锑（含氧化锑和硫化锑）等稀有金属冶炼""稀土冶炼、分离（限于合资、合作）"被列入限制外商进入领域，而钨、锑、稀土的"勘查、开采、选矿"则完全禁止外资进入。

2009年年底，工信部审议通过《2009—2015年稀土工业发展规划》。明确指出，未来 6 年，中国稀土出口配额的总量将控制在 3.5 万吨每年以内，初级材料仍被禁止出口。同时将对近 100 家稀土加工企业进行大重组，削减至 20 家，以解决国内产业集中度低的问题。

2012 年 4 月 8 日，中国稀土行业协会成立。到 2020 年，协会完成与行政机关的脱钩改革，回归社会团体第三方本色。

2012 年 6 月 13 日，工信部发布《稀土指令性生产计划管理暂行办法》，明确稀土指令性生产计划从稀土矿产品和稀土冶炼分离产品两方面进行管理，对稀土矿产品和稀土冶炼分离产品向各省下达指令性生产计划。企业未获得计划指标，不得从事稀土矿产品和稀土冶炼分离产品的生产。

2012 年 6 月 20 日，国务院新闻办公室发布《中国的稀土状况与政策》，又称为稀土行业白皮书。其中明确，中国的稀土储量约占世界总储量的 23%。

2012 年 6 月 27 日，欧盟要求 WTO 成立一个争端解决专家小组，以解决有关中国限制稀土出口的争端，同日美国和日本也向 WTO 提出了类似要求。7 月 23 日，WTO 组织争端解决机构召开会议，正式接受欧盟、美国、日本的请求，决定成立专家组，专门针对中国稀土、钨、钼三种原材料出口限制一事进行调查。

2012 年 7 月 26 日，工信部发布《稀土行业准入条件》，并自当日起实施。其中明确，稀土矿山开发、冶炼分离、金属冶炼属于国家限制类投资项目，应按照《国务院关于投资体制改革的决定》中公布的政府核准的投资项目目录规定，经核准后方可建设生产。

2014 年 1 月，由广东省平远县国资参股成立的南交所稀土产品交易中心落户广东省梅州市平远县，并正式开业运营。这是中国首家专业从事稀土产品现货电子交易的平台，也被业内称为"稀土证券化元年"。

2014 年 1 月，由工信部牵头制定的组建稀土大集团方案获得国务院批复同意。

2014 年 3 月 26 日，WTO 公布了有关"美国、欧盟、日本诉中国稀土、钨、钼相关产品出口管理措施案"的专家组报告，相当于对中国限制稀土出口配额 WTO 案给出了初裁结果，认为中国对稀土等产品实施出口税和出口配额限制违反 WTO 框架规定。8 月 7 日，经上诉后，仍维持最初裁决。

2014年4月，包头稀土产品交易所正式开盘运营，此前已经历过4个月的试运行。这是以各类稀土产品为交易品种的大宗商品现货电子交易平台，到2016年累计交易额突破1 000亿元。

2014年8月5日，《打击稀土开采、生产、流通环节违法违规行为专项行动方案》由八部委联合颁布，这是中国第二轮打击"黑稀土"产业链专项行动。内容为自8月15日至11月15日，八部委联合开展打击稀土开采、生产、流通环节违法违规行为专项行动。

2015年1月1日，《2015年出口许可证管理货物目录》正式实行，稀土不再列入配额管理范畴，而是被列为实行出口许可证管理的货物。至此，自1998年开始实施的中国稀土出口配额制度正式取消。

2015年4月，财政部宣布取消稀土及其他金属的出口关税。

2016年1月12日，国务院办公厅发布《关于加快推进重要产品追溯体系建设的意见》。其中明确，推动稀土生产经营企业加快建设追溯体系，以规范我国稀土产品的生产、流通、出口，严厉打击无法追溯来源和去向信息的稀土矿产品的非法生产、流通及出口。

2016年9月29日，工信部印发《稀土行业发展规划（2016—2020年）》。其中指出，六家稀土集团主导市场的格局初步形成，并明确，到2020年稀土年度开采量控制在14万吨以内。

2016年12月，北方稀土、中铝集团、五矿集团、厦门钨业、南方稀土、广东稀土六家稀土集团全部完成组建验收。

2017年7月，《外商投资产业指导目录（2017年修订）》明确"稀土冶炼、分离"列入限制外商投资产业目录，"稀土勘察、开采、选矿"列入禁止外商投资产业目录。

2019年8月26日，十三届全国人大常委会第十二次会议表决通过了中国首部资源税法。其中明确中重稀土实行固定税率，税率由原来的27%降至20%；轻稀土实行幅度税率，税率为7%~12%，由省级人民政府确定具体税率。

2019年9月1日，由于美国对中国进口的商品加征关税，中国对原产于美国的部分商品同样加征关税，其中几乎涵盖了所有稀土类产品。

2019年12月31日，江西赣州稀有金属交易所有限责任公司在赣州市正式开业，这是集稀土、钨等稀有金属及其延伸产品的交易场所。

2020年3月13日，包头市人民政府出台《包头稀土产品交易市场管理办法（试行）》，自公布之日起施行。这是全国首个关于稀土交易市场管理的政府规范性文件，全面系统地对稀土交易市场的原则、市场主体、交易行为、争议的处理、监督管理等作出了明确规定。

2020年4月，工信部批复国瑞科创稀土功能材料有限公司组建国家稀土功能材料创新中心。该创新中心是以集关键共性技术研发、中试孵化、测试验证和成果转移转化为一体的新型创新平台。

2020年9月1日，《中华人民共和国资源税法》正式实施。中重稀土施行固定税率，由原来的27%降至20%；轻稀土施行浮动税率，税率为7%~12%，由省级人民政府确定具体税率。

2021年1月15日，工信部发布《稀土管理条例（征求意见稿）》，从国家层面立法规范稀土行业高质量发展。这是稀土行业的首次立法，明确稀土管理职责分工，稀土开采、冶炼分离投资项目核准制度，稀土开采和冶炼分离总量指标管理制度，稀土行业全产业链管理，并要求强化监督管理和明确法律责任。

2021年12月12日，包头市人民政府在呼和浩特举行新闻发布会。内蒙古自治区科技厅副厅长吴苏海表示，在稀土交易方面，内蒙古自治区将打造世界最大的稀土交易中心，推动"稀交所"升级为国家级交易所，打造稀土产业定价中心、信息中心和服务中心。

2021年12月15日，北方稀土瑞鑫公司稀土金属镨钕（钕）产量突破1万吨，成为世界首家镨钕产量突破1万吨企业。

2021年12月23日，新央企中国稀土集团有限公司成立，总部设在江西赣州，属于国务院国有资产监督管理委员会直接监管的股权多元化中央企业。自此上游稀土产业的集中度进一步提高，将有效推动稀土上下游产业的协同发展，符合稀土行业绿色发展转型的迫切需要。这也是江西省首个央企总部。

后记

本书是国内关于介绍和分析稀土新材料上下游产业链现状及未来发展趋势的一部著作，也是八年前由西南财经大学出版社出版发行的《征战中国稀土》一书的续集。书中内容大致从稀土产业政策、稀土产业分布、稀土在新材料上下游技术运用、国内稀土新材料产业布局、稀土新材料公众上市企业解读、稀土新材料未来运用趋势等进行详细的叙述分析，是作者持续十五年深耕稀土产业投资、深层次参与稀土全产业链研究的独立思考及积累的成果，目前可以说是在稀土行业较为系统化、体系化、内容全面详实的一部产业论著。

在本书撰写过程中，得到了中国科学院、中国工程院、清华大学、中国钢研科技集团等多个科研机构和高等院校以及院士专家的大力支持，同时也得到了中国电子信息发展研究院（赛迪院）、中国科学院力学研究所、中国科学院长春运用化学研究所、中国科学院宁波材料技术与工程研究所、中国稀土学会、中国稀土行业协会等机构的鼎力支持，为本书在产业政策、产业布局、技术运用、前瞻信息等方面提供了权威解读与辅助指导，为本书的数据、趋势分析、未来方向等方面的展现提供了扎实的基础。

本书的顺利出版，离不开国内诸多知名科学家、产业领袖、教授、学者、研究员对稀土新材料产业的智慧及贡献，他们对许多技术趋势的预测及前沿观点为产业发展提供了宝贵意见及建议；同时离不开清华大学出版社对选题及审读的重视及编辑部同志的辛勤努力，离不开国内诸多科研院校、金融、证券、工程技术人员及行业研究员对再版发行本书的期待与呼声，在这里一并致谢！特别还要感谢一直以来关心、鼓励和支持我的老朋友们：中国工程院干勇院士、中国科学院张洪杰院士、清华大学翁端教授、中国电子信息产业研究院（赛迪院）宋显珠先生、中国科学院力学研究所秦伟先生、中国钢研科技集团赵栋梁先生、中国科学院宁波材料工程所李润伟先生……是这些无私的科学家鼓舞了本人长期不懈地扎根稀土新材料产业，不畏困难，勇敢奔赴！最后还要感谢内蒙古自治区包头市、安徽省滁州市、广东省惠州市、广东省梅州市、广西壮族自治区崇左市等多地政府对本人在稀土新材料产业领域进行的产业研究及项目投资落户，为稀土新材料产业的集聚发展提供了强有力的支持及广阔的发展平台，也为本书内容的案例实践及产业发展提供宝贵的帮助。

诚然，书籍的出版，可能会存在一些错漏或者瑕疵，欢迎广大读者及同业人员给予批评和指正。感谢西瓜互动传媒许浒传、林九、李莉为本书前期策划、资料整理和封面设计等提供的协助。

相信在未来的十年，中国稀土新材料产业必将迎来相对健康稳定、增长可期的黄金发展期，未来科技、人工智能、智慧社会等新型数字化时代正扑面而来，让我们保持热爱、敬畏规则、励精图治、阔步向前，拥抱产业的春天！